"TATTO E CONTATTO"

I punti di vista della psicoanalisi tradizionale e della relazione, della Gestalt e della bioenergetica.

Giovanni Bertanza

Giovanni Bertanza, *Tatto e contatto*
Copyright © 2015 by Giovanni Bertanza
via Perosi 16 – 20900 Monza

Prima edizione: dicembre 2015
ISBN 978-1-326-46297-0
ID 17608956 www.lulu.com

Lulu Press, Inc.

3101 Hillsborough St, Raleigh, NC 2760

www.lulu.com

Sei venuto qui ricoperto dei resti di un animale ucciso.
E tale dolore, amalgamandosi con la tua pelle,
ti attraversa le carni per conficcarsi nell'anima.
La pelle è un occhio che assorbe il mondo".

(Alessandro Jodorowsky - "Il maestro e le maghe")

INDICE

PREFAZIONE

di Lorenzo Paride Capello
(Medico, fondatore dell'Olismologia)

Ho conosciuto Giovanni in occasione della sua partecipazione al mio master di Olismologia.

Mi hanno colpito la sua semplicità, la sua comunicativa bonaria, a tratti ironica.

Si sottoponeva di buon grado ai trattamenti commentandoli puntualmente con una singolare capacità di introspezione e di analisi.

Mi sono reso conto della sua competenza alla fine del corso, quando mi ha regalato due suoi saggi che ho letto con interesse, ma comprendendoli con fatica, in quanto io non sono uno psicologo né uno psicoterapeuta, ma un medico.

Ho capito così di essere stato maestro di uno che sull'argomento ne sapeva più di me.

Il suo interesse per la mia Disciplina era stato attirato dal tipo di intervento che la mia innovativa metodica/setting rendeva possibile fare sul piano mentale in modo fisiologico, naturale, a misura d'uomo, ma soprattutto immediato: semplicemente manipolando il corpo.

Mi disse di essere sempre stato affascinato - in precedenza - dalla possibilità di poter intervistare e comprendere i segnali del corpo in modo diretto e non mediato soltanto dai pensieri e dalle parole, in linea con quanto sta attualmente accadendo alla psicoanalisi e al setting psicoanalitico dell'ultimo decennio.

Dopo avermi presentato i due saggi mi ha parlato di una rassegna di Autori, psicoanalisti/psicoterapeuti, che nel corso della storia hanno gradualmente e sempre maggiormente espresso la necessità di relazionarsi in modo anche "fisico" con il Paziente per ottenere una quantità di elementi di valutazione immediati, obiettivamente attendibili e ripetibili.

Ritenendo il mio lavoro - sperimentato praticamente anche da lui stesso - in perfetta coerenza con la sua ricerca e con il moderno sviluppo del setting curante-paziente, mi ha proposto - benché mi ritenessi ignorante in materia - di scrivere la prefazione al suo nuovo libro considerandomi laureato in psicologia "honoris causa".

Gli sono grato di aver potuto contribuire al suo lavoro e gli sono grato per aver aperto nel contempo la strada anche al mio prossimo lavoro, riguardante l'approccio/setting Olismologico in psicosomatica, basato sulla necessità di affrontare ogni singolo sistema-uomo nella sua complessità psico-fisica per riuscire a svelare la sua "vera verità".

INTRODUZIONE

di Chiara Frigerio
(Psicologa; Specializzanda in Psicoterapia)

*"Le azioni fisiche
stanno cercando il contesto
per le azioni mentali"
(Damasio 1999)*

Uno dei temi sul quale è indispensabile interrogarsi oggi come psicoterapeuti è quello del ruolo del corpo nel processo di cura.

Il corpo che per decenni è stato estromesso dalla mente degli psicoanalisti, concentrati sugli aspetti simbolici e di significato, torna oggi a reclamare il suo spazio.

Viene finalmente riconosciuta la sua importanza come luogo delle "memorie emotive" e gli psicoterapeuti iniziano a vederlo non solo come involucro della mente ma come uno dei livelli attraverso cui si costruisce il significato del Sè.

Edward Tronick scrive: *"Gli esseri umani sono creatori di significato su se stessi, in relazione al mondo di persone, all'universo inanimato e al proprio Sè....E' importante che il significato su se stessi nel mondo sia costituito a livelli multipli, cerebrali e corporei".*

In psicoterapia si sta dunque verificando un cambiamento e si dà una maggior importanza ai processi non verbali, impliciti e mediati dall'emisfero destro del cervello.

In questa prospettiva diviene fondamentale interrogarsi sul controverso tema del corpo e del contatto fisico tra Psicoterapeuta e Paziente.

Nonostante queste premesse, il contatto, e quale tipo di contatti fra Psicoterapeuta e Paziente, è un tema poco affrontato, forse escluso per i problemi che in apparenza può sollevare.

È questo che muove la ricerca di Giovanni Bertanza, la necessità di raccogliere materiale dalla letteratura e insieme mettere ordine e riflettere sulla pratica clinica.

L'autore ci ricorda come la pelle, l'organo più esteso del corpo umano, sia oggi sottovalutata e come il tatto e il contatto tra il bambino e chi si prende cura di lui siano fondamentali per la sua sopravvivenza.

Ci guida poi in uno stimolante percorso di riflessione sul ruolo del contatto in psicoterapia attraverso le parole degli autori e il racconto delle loro esperienze cliniche.

La ricerca muove i primi passi con l'inventore della psicoterapia, Sigmund Freud, con la messa a punto del setting e all'interno di questo della relazione psicoterapeutica.

La configurazione dei confini alla relazione clinica non può infatti prescindere dalla scoperta del transfert e successivamente dalle dichiarazioni di esistenza del controtransfert (il controtransfert è sempre esistito) e dal pericolo degli acting-out, tra cui il contatto come agito.

Da queste premesse nasce la proibizione del contatto fisico, e l'idea, ancora diffusa nell'ambiente psicoanalitico, che il contatto possa essere una forma di soddisfacimento dei bisogni del Paziente, che non promuove la loro evoluzione.

Ferenczi e Winnicott, per primi, portano avanti una diversa idea all'interno del mondo psicoanalitico, con le loro riflessioni sul ruolo del contatto anche fisico come forma di comunicazione e contenimento, ma soprattutto con il loro agire clinico.

Il cambio di prospettiva, con l'avvento del paradigma relazionale, ha portato gli Psicoterapeuti a considerare la centralità della relazione nel processo di cura e il tema del contatto è diventato dunque chiave nelle opere e nell'agire concreto di molti, fra i quali Stern e Fosshage.

Giovanni Bertanza ci porta poi gli stimoli provenienti da Lowen, attraverso le parole del quale ci mostra come il contatto fisico abbia un ruolo fondamentale nella terapia bioenergetica.

Ci presenta inoltre l'interessante contributo di Pears e della psicoterapia della Gestalt, dove il concetto di contatto è centrale, non solo a livello teorico ma anche nella pratica clinica.

Dopo la presentazione dei diversi modelli psicoterapici viene proposta una riflessione sui problemi etici legati al tema del contatto fisico tra Psicoterapeuta e Paziente.

Giovanni Bertanza ci ricorda come l'attenzione al benessere del Paziente e alla sua evoluzione, nonché il rispetto siano fondamentali buone prassi che devono guidarci nel lavoro di cura.

La ricerca si conclude dando voce ai Pazienti, e presentando la loro esperienza soggettiva esperita del contatto fisico nella psicoterapia, quella del sentirsi accolti e compresi.

Il presente lavoro ci porta dunque, attraverso i casi clinici e le parole degli autori, a interrogarci sul ruolo del tatto e del con-tatto in psicoterapia e a cercare nuove modalità efficaci per "essere con" i nostri Pazienti.

1. Pelle, tatto e contatto

" La magia ultima dell'attaccamento è il tocco.
E la sua magia entra attraverso la pelle"
Stern(1990)

Iniziamo la nostra riflessione sul contatto tra Analista e Paziente chiamando in causa uno degli organi meno considerati, nonostante la sua indispensabilità per la nostra sopravvivenza: la pelle.

Nel feto umano, con sessanta giorni di vita e meno di due centimetri di lunghezza, la pelle è considerevolmente sviluppata e per tutto il corso della vita resta l'organo di senso più esteso.

Durante la gestazione il feto è massaggiato dagli organi interni della madre e dal liquido amniotico, e i suoi movimenti sono la prima forma di contatto tra la mamma e il bambino.

Il contatto fisico tra il bambino e chi si prende cura di lui durante i primi mesi di vita è fondamentale per la sua sopravvivenza fisica e psicologica.

Il tatto è dunque la prima forma di comunicazione sociale e agisce come forma di comunicazione secondaria nel corso di tutta la vita. È in grado di influenzare, intensificare e modificare le interazioni connesse alle espressioni verbali.

I neuroscienziati della Mac Gill University, diretti da Tie-Yuan Zhang, hanno dimostrato nel 2014 come la carenza di cure parentali materne sia collegata, anche attraverso meccanismi molecolari di carattere epigenetico, a disturbi mentali.

Scamberg (1995) ci ricorda come il tatto sia la chiave stessa della vita:

"Il contatto fisico è dieci volte più forte di un contatto verbale o emotivo, influenza proprio quasi tutto quello che facciamo. Nessun altro senso può stimolare come il tatto. Lo abbiamo sempre saputo, ma non abbiamo realizzato che ciò ha una base biologica. Se il tatto non implicasse un'esperienza di piacevolezza non esisterebbero la specie, la parentela, o la sopravvivenza. La madre non toccherebbe il suo bambino nel modo giusto, se non provasse piacere nel farlo. Se non ci piacesse la sensazione del tatto e del toccarsi scambievolmente. Quegli animali che istintivamente facevano più uso del contatto fisico producevano più prole che sopravviveva, e avevano più energie, tramandando questa loro tendenza al tatto, che si estrinsecò sempre più marcatamente. Ci dimentichiamo che il tatto non è solo basilare per la nostra specie, ma ne è la chiave".

Nel corso della vita dell'uomo però le esperienze sensoriali sono sempre più guidate e controllate dalle norme di comportamento sociale *"non toccare"*, *"non toccarti"*, *"vietato toccare"*.

Il contatto, soprattutto quello con gli adulti, diviene sempre di più un tabù e in adolescenza è relegato quasi unicamente alla sfera sessuale e alle relazioni intime.

Montagu (1986) sottolinea come negli anziani il contatto fisico arrivi a una quasi totale scomparsa, anche se non ne diminuisce il bisogno che, anzi, tende ad aumentare.

Non è dunque il bisogno di contatto fisico a diminuire, ma sono le opportunità di essere toccati che vengono a diminuire, perchè spesso familiari e amici non desiderano o non gradiscono tale contatto.

Se è innegabile il ruolo fondamentale del contatto nel corso della vita dell' uomo è anche vero che esistono forme diverse di contatto.

Edoardo Giusti e Flavia Germano, nel libro "*Etica del contatto in psicoterapia*" fanno un'utile sistematizzazione dei diversi tipi di contatto.

Gli autori distinguono:

♦ AUTOCONTATTO: caratterizzato dall'assenza di un'altra persona fisica, può essere cosciente (pianificato o spontaneo) ma anche inconscio; assume una variabilità di significati: da indice di disponibilità a un maggior coinvolgimento nelle relazioni personali, a segnale di preoccupazione per il proprio aspetto, a modalità di rassicurazione e contenimento.

♦ Contatto ACCIDENTALE: avviene senza alcun tipo di intenzionalità ed è di natura spontanea.

♦ Contatto di ATTENZIONE: usato per aiutare la persona a focalizzare l'attenzione su un determinato comportamento o specifica situazione. Sono evidenze colloquiali tra le quali rientrano anche il contatto di *SALUTO, CONGEDO* e *CORTESIA.*

♦ Contatto FINALIZZATO: riguarda l'attuazione di attività relative a un determinato compito come aiutare una persona ad alzarsi.

♦ Contatto INDIRETTO: implica un contatto simbolico, attraverso un oggetto o una terza persona, come nel caso di un terapeuta che porge una scatola di fazzolettini a un Paziente che piange.

♦ Contatto EMOTIVO/ESPRESSIVO: accompagna o è l'espressione di emozioni. Può essere:
  ✓ *ELOGIATIVO O FESTOSO* (esprime gratitudine);
  ✓ *di RINFORZO* (teso a promuovere un certo comportamento);
  ✓ *PUNITIVO* (agito da qualcuno autorevolmente o letteralmente più grande, per "impartire una lezione");
  ✓ *PROTETTIVO* (fornisce senso di sicurezza);
  ✓ *GIOCOSO* (per ridurre la serietà di una situazione);
  ✓ *CATARTICO* (facilita il rilascio o l'espressione delle emozioni).

  ♦ Contatto SENSUALE: finalizzato a gratificare i sensi.

Per quanto riguarda nello specifico il setting terapeutico al di là dell'importanza del leggere i segnali legati all'auto-contatto del Paziente e di prendere in considerazione i contatti accidentali, al fine di valutare eventuali fini o significati nascosti gli autori sottolineano la rilevanza dei contatti tabù: quello AGGRESSIVO-OSTILE, quello SESSUALE, e la forma di contatto più diffusa, quella AFFETTIVA (che esprime riconoscimento positivo e supporto).

2. Il setting psicoanalitico e la proibizione del contatto: regole e limiti.

Prima dell'emergere della psicoanalisi i trattamenti psichiatrici consistevano prevalentemente nell'applicazione di una serie di interventi che prevedevano il contatto fisico (contenimento, bagni caldi e freddi ecc.).

Da allora la concezione del suo utilizzo all'interno del setting clinico ha subito una lunga evoluzione, dando anche atto a controversie motivate da fattori molteplici.

Innanzitutto facciamo riferimento al problema della dicotomia mente-corpo, introdotto da Cartesio con la separazione tra *res cogitans* e *res extensa.* Tale scissione fa sì che, ancora oggi, si tenda a separare i problemi fisici, che riguardano il *soma* (corpo), da quelli mentali, per i quali il campo di interesse è la *psiche.*

Altri fattori che hanno influenzato l'evoluzione dell'utilizzo del contatto in psicoterapia sono le possibili implicazioni etiche, riguardanti la paura legata a un possibile fine diverso da quello terapeutico da parte dell'analista nei confronti del paziente, e sociali, legate alle dinamiche di potere.

Vediamo ora come, a partire dalle origini, gli psicoanalisti hanno strutturato regole ben precise, proprio relativamente all'utilizzo del contatto fisico.

La Psicoanalisi nasce a Vienna alla fine del 1800, come metodo d'indagine per individuare la causa delle nevrosi isteriche e come terapia per curarle.
Freud inizia la sua carriera occupandosi di fisiologia e studi sul sistema nervoso. Lavorando come medico si trova ad occuparsi di Pazienti nevrotici e, dopo aver sperimentato con scarso successo l'ipnosi, utilizza inizialmente una tecnica basata sia sull'uso della terapia verbale che del contatto fisico.

Nel 1879 in "*Studi sull'isteria*" Freud così descrive il suo modo di procedere:

"Procedo in questo modo. Metto la mano sulla tempia del Paziente o gli prendo la testa tra le mani e dico che cercherà di pensare all'evento di cui mi vuole parlare sentendo la pressione della mia mano. Nel momento in cui interrompo la pressione, gli chiedo di tenere a mente quello che vedrà o penserà in quel momento".

Dopo i primi tempi Freud ritiene che il suo posare le mani sulla testa dei Pazienti, invece di facilitare il rilassamento, interferisca con il processo delle libere associazioni e decide pertanto di riservare alla parola il ruolo di strumento di cura.
Scopo della psicoanalisi diventa quello di rendere conscio l'inconscio, attraverso l'interpretazione delle resistenze dei Pazienti alle libere associazioni, degli atti mancati, dei loro sogni, dei loro sintomi.

Fin dai primi trattamenti effettuati con questo metodo Freud si rende conto di un potente fenomeno che avviene nella relazione tra analista e Paziente, quello del transfert. Mediante tale processo il Paziente rende nuovamente attuali sentimenti amorosi (transfert positivo) o di odio (transfert negativo) provati in passato, nei confronti delle persone che si sono prese cura di lui, proiettandoli sull'analista.

La comprensione e il controllo da parte del terapeuta di questo fenomeno, non lasciandosi coinvolgere e interpretandolo, diventano allora gli elementi centrali della tecnica psicoanalitica.

La potenza dei sentimenti che vengono attivati in seduta è tale da disorientare i primi analisti, che non avevano ancora compreso a pieno il fenomeno. Si verificarono diversi episodi critici che portarono Freud a teorizzare una serie di regole e limiti, talvolta in contrasto con ciò che egli stesso metteva in pratica nelle sue sedute.

Egli, preoccupato di difendere la psicoanalisi dalle accuse di scarsa scientificità e coloro che la praticavano da quella di perversione sessuale, elaborò dunque i principi di neutralità, riservatezza e astinenza dell'analista.

Secondo il principio della neutralità l'analista *"dev'essere opaco per l'analizzando e come una lastra di specchio, mostrargli soltanto ciò che gli viene mostrato"* (Freud, 1912 p.539).

Secondo quello della riservatezza deve *"celare al Paziente le proprie caratteristiche reali"*, per evitare una *"contaminazione"* del transfert.

Secondo la regole dell'astinenza *"il trattamento analitico deve essere condotto, per quanto possibile, in stato di privazione, di astinenza"* (Freud 1918 p.47), per evitare la gratificazione dei desideri transferali dell'analista.

Dalle origini della psicoanalisi molto si è dibattuto all'interno della comunità psicoanalitica su questi tre principi e nel corso degli ultimi vent'anni sono molto cambiate le modalità con cui in psicoanalisi e più in generale nella psicoterapia psicodinamica, viene definita la partecipazione dell'analista.

Si sono sviluppati una maggior attenzione a non assumere un atteggiamento freddo e distaccato nei confronti del Paziente ed un'apertura alla valorizzazione degli aspetti relazionali che entrano in gioco nella terapia.

Resta chiaro come la terapia debba svolgersi all'interno di un setting prestabilito, con precise regole, che hanno lo scopo di tutelare il Paziente, creando un ambiente in cui si senta sicuro.

Glen O. Gabbard, in "Introduzione alla psicoterapia psicodinamica" ci aiuta in modo chiaro e sintetico ad entrare nel problema:

"La psicoterapia psicodinamica a lungo termine opera all'interno di una cornice formata da un insieme di limiti e regole professionali; ne fanno parte il luogo dove si svolgono le sedute e la loro durata, il fatto che il terapeuta sia pagato per fornire un servizio, l'assenza di contatto fisico (a eccezione della stretta di mano in alcuni casi), una limitata self-disclosure da parte del terapeuta, la confidenzialità della relazione terapeutica, l'assenza al di fuori della terapia di rapporti (d'affari, sociali, sentimentali) fra terapeuta e

Paziente. L'intero sistema è costruito per essere asimmetrico, in modo tale che lo scopo del terapeuta sia inequivocabilmente quello di aiutare il Paziente ad affrontare i problemi che l'hanno condotto in terapia".

Le regole e i limiti creano un contesto sicuro ma, possono essere, in alcuni casi, resi flessibili o superati. Questo accade, come ci ricorda Gabbard, per andare incontro alle specifiche esigenze di un determinato Paziente, o quando il terapeuta agisce una risposta controtransferale. L'autore cita degli esempi per aiutarci a comprendere la differenza tra le due motivazioni:

" Se un Paziente anziano entrando nello studio scivola su un tappeto e cade, l'analista si alza subito per aiutarlo a rimettersi in piedi e gli chiede se si è fatto male. Anche se normalmente deve evitare di toccare i Pazienti, in questo caso il terapeuta farebbe un grave sbaglio se rimanesse seduto impassibile".

"Un esempio di superamento dei limiti dovuto a un enactment controtransferale è invece quello di un giovane terapeuta che nel corso di una seduta aveva permesso a una Paziente di rimanere nello studio quindici minuti in più rispetto all'ora stabilita, perchè si sentiva dispiaciuto e non voleva "sbatterla fuori".

Una distinzione ancor più importante introdotta dall'autore è quella tra il superamento dei limiti, un'infrazione lieve e benigna che si verifica episodicamente, e la violazione dei limiti, che implica uno sfruttamento non etico del ruolo del terapeuta, come nel caso di una relazione sessuale tra analista e Paziente.

Gabbard ci aiuta a comprendere bene questa differenza:

Superamenti dei limiti	Violazioni dei limiti
Infrazioni benigne e a volte utili	Implicano uno sfruttamento non etico del ruolo di terapeuta
Episodici	Ripetitive
Di lieve entità	Rilevanti, spesso estreme (es. a sfondo sessuale)
Possono essere oggetto di discussione nel corso della terapia	Terapeuta ne scoraggia la discussione nel corso della terapia
Non hanno effetti negativi su Paziente e terapia	Hanno effetti negativi sul Paziente o sulla terapia

Chiarito il discorso relativo a setting, regole e al superamento e violazione dei limiti ci addentriamo ora nello specifico nel tema del contatto.

Secondo la concezione di Freud il contatto fisico si configura come un agito sessuale che, gratificando i desideri sessuali infantili del Paziente, impedisce il processo di elaborazione e l'insight.

A partire dalla teorizzazione freudiana gli psicanalisti a orientamento "classico" hanno continuato a considerare il toccare il Paziente, all'interno della seduta, una trasgressione tecnica, dovuta a "incompetenza" dell' analista, causa di effetti negativi.

Anche gli psicoanalisti più inclini a una revisione critica delle regole "classiche", continuano a ritenere il contatto fisico come una risposta ai bisogni del Paziente, in grado di fornire contenimento ma non promotrice di cambiamento evolutivo.

3. Ferenczi e Winnicott: il superamento della proibizione del contatto

Vediamo ora come, fin dalle origini, all'interno della corrente psicoanalitica, tra gli stretti collaboratori di Freud, si sono sviluppate idee diverse relativamente all'utilizzo del contatto in psicoterapia.

Due posizioni molto interessanti da questo punto di vista sono quelle di Sandor Ferenczi, che lavorando con Pazienti gravi, rivaluta l'importanza del canale fisico come via fondamentale per entrare in profondo contatto con i pazienti e Donald Winnicott, che grazie alla sua esperienza come pediatra, richiama in causa il ruolo primario del contatto come forma di contenimento.

Sandor Ferenczi (1873-1933), allievo ungherese di Freud, sviluppa in maniera originale il pensiero del suo maestro, introducendo idee nuove sul tema del trauma e proponendo variazioni alla tecnica classica.
Egli introduce in particolare l'idea della centralità della relazione emotiva tra Paziente e psicoterapeuta come fattore di cambiamento in psicoterapia. Nel 1931 egli scrive:

"Mi comporto come una tenera madre, che la sera non va a letto se prima non ha tranquillizzato il suo bambino scacciando tutte le sue angosce e preoccupazioni grandi e piccole, combattendo le sue cattive intenzioni e i suoi scrupoli di coscienza" (p.408-409).

In questa ottica molte sono le revisioni che apporta alla tecnica psicoanalitica, a cominciare da quella di un ruolo più attivo da parte del terapeuta. Nel 1931, infatti , scrive anche:

"Freud ha certamente ragione a insegnarci che l'analisi ottiene una vittoria quando riesce a sostituire l'azione con il ricordo; ma io penso che sia altrettanto vantaggioso suscitare un importante materiale agito che può successivamente venire trasformato in ricordo".

L'autore dichiara inoltre apertamente l'utilizzo del contatto fisico con i suoi Pazienti, ai quali teneva la mano, permetteva di abbracciarlo o baciarlo.
Nelle sue annotazioni del 1930-32 parla di:

"quei pazienti che si assicurano la benevolenza del loro analista afferrandone la mano e tenendola stretta per tutto il tempo dell'immersione".

Per immersione, in presenza di un'altra persona, Ferenczi intende lo stato di trance non indotto dall'analista, ma prodottosi nel corso della seduta.

L'autore ne parla anche come di uno sprofondamento, reso fondamentalmente possibile da due fattori: distacco dalla realtà ed enorme fiducia nella persona dell'analista.

Il distacco dalla realtà che lo sprofondamento esige è molto più profondo del distacco richiesto dalla libera associazione, la quale, secondo Ferenczi, arriva a spingere il Paziente, al massimo, al livello del preconscio.

Ferenczi, dunque, a differenza del suo maestro, sostiene che educare al contatto fisico possa facilitare l'analisi, aiutando il Paziente a tollerare il dolore dal quale si era difeso sviluppando tratti del carattere: Freud, al contrario, sentiva che il contatto fisico avrebbe potuto portare alla messa in atto sessuale.

Ad animare la controversia tra i due sul tema contribuirono gli interventi di Clara Thompson (Paziente di Ferenczi) che si vantava del fatto che le fosse stato permesso di baciare *"papà Ferenczi"* ogni volta che lo desiderava. Freud, totalmente contrario, ammonì Ferenczi sostenendo che questo tipo di comportamento avrebbe portato verso un impegno sessuale.

La censura operata nei confronti del pensiero di Ferenczi contribuì al disinteresse da parte della psicoanalisi per il tema del contatto fisico.

Donald Winnicott (1896-1971), pediatra e psicoanalista inglese, rappresentante della corrente delle relazioni oggettuali, lavorando con i bambini si focalizza sulla centralità dei processi di *holding* (modo in cui la madre sorregge e contiene fisicamente il neonato) e *handling* (vera e propria "manipolazione fisica" del bambino) nello sviluppo del Vero Sè. Nel 1965 scrive:

"...il Vero Sè proviene dalla vita dei tessuti corporali e dal libero gioco delle funzioni del corpo compresi il cuore e la respirazione..."

Egli propone nella terapia una serie di atti, soprattutto inerenti al toccare, al contatto fisico, al tenere con la mano, allo stringere la mano, al contenere, al reggere con la fisicità, che condivide con Ferenczi. Sempre nel 1965 scrive:

"...quando un contatto sembra naturale... la domanda che sorge spontanea è se il transfert non potrebbe essere più contaminato dal suo evitamento piuttosto che dalla sua presenza."

Winnicott introduce inoltre i concetti di mutualità e reciprocità, all'interno della seduta di psicoterapia, creando un realismo dialogico nuovo, diverso dal semplice rapporto basato sul transfert. Egli sottolinea come analista e Paziente siano parte di un processo totale più vasto in cui ciascuno viene "cercato" e "trovato" dall'altro.

In questo approccio il contatto fisico trova un ruolo fondamentale in qualità di elemento di comunicazione, capace di arrivare a un livello primitivo rispetto al linguaggio verbale, come avviene nella relazione tra un bambino e la mamma.

Winnicott stesso ci aiuta a comprendere meglio la potenza della comunicazione basata sul contatto tra analista e Paziente nel racconto del caso di una Paziente di quarant'anni, con due figli, che va da lui dopo un'analisi di sei anni, con un'altra terapeuta:

"Il particolare che ho deciso di descrivere è connesso al bisogno assoluto di questa Paziente di essere in contatto

fisico con me di tanto in tanto. (Aveva paura a osare questo con una psicoanalista donna, per via di possibili implicazioni omosessuali). Tentammo una varietà di atteggiamenti intimi, soprattutto quelli relativi all'accudire e al nutrire un bambino. Ci furono due episodi violenti. Alla fine ci trovammo insieme, mentre io le tenevo la testa tra le mani.

Senza alcuna azione deliberata da parte nostra si sviluppò un ritmo oscillatorio. Era un ritmo abbastanza rapido, circa 70 al minuto (battito cardiaco), e dovetti faticare un po' per adattarmi a questa velocità. Ciononostante eravamo lì con una mutualità espressa da un movimento oscillatorio leggero ma persistente. Stavamo comunicando a vicenda senza parole. Questo accadeva a un livello di sviluppo che non richiedeva alla Paziente una maturità precoce rispetto a quella che lei stessa scoprì di possedere nella regressione alla dipendenza in questa fase della sua analisi.

Questa esperienza, spesso ripetuta, era di importanza cruciale per la terapia, e la violenza che l'aveva preceduta si dimostrava ora solo una preparazione e un complesso test alla capacità dell'analista di comprendere le tecniche di comunicazione della prima infanzia".

Questo ci fa capire come per Winnicott il contatto venga visto non come un superamento dei confini del setting ma come un potente strumento di supporto alla terapia.

Un altro esempio della potente funzione contenitiva del contatto fisico ci viene portato da Margaret Little (Paziente di Winnicott), in *"Il vero sè in azione- racconto di un'analisi con Winnicott"*: lei, da Paziente, racconta di come lui teneva le mani della sua Paziente strette tra le proprie, "*quasi come*" scrive la Little:

"*un cordone ombelicale, mentre stavo distesa, spesso nascosta sotto la coperta, in silenzio, inerte, ritirata, presa dal panico e dalla rabbia, o in lacrime, addormentata e talvolta sognando*".

Nelle sedute fatte a casa della Little, poi, questa stava sdraiata, piangendo, mentre Winnicott la "*teneva*".

La Little parla di un *holding*, di un contenimento metaforico e di un contenimento letterale, come nel caso delle mani che tengono strette le mani.
In questo caso è la Paziente a riferire come il contenimento fisico offerto dall'analista sia stato fondamentale a offrirle quel senso di sicurezza fondamentale alla buona riuscita della terapia.

4. Il contatto fisico nella psicoanalisi della relazione: il "momento presente" di Daniel Stern

"Spesso quando a qualcuno si chiede
"Quali sono i momenti più importanti nella tua terapia,
quelli che hanno segnato un cambiamento?"
questi potrà rispondere:
"Una stretta di mano che scambiai con il mio terapeuta
un certo giorno, prima di uscire dallo studio".

(Daniel Stern)

Nel corso degli ultimi venti anni del '900 si è fatta sempre più strada, in campo psicoanalitico, la necessità di nuovi modelli teorici.
La corrente dell'infant research ha promosso una teoria dello sviluppo psichico più aderente ai dati forniti dalla realtà e in psicoanalisi si è sentita l'esigenza di teorie capaci di considerare il comportamento umano non solo in funzione delle forze interne della psiche, come se fosse un sistema chiuso, ma rispetto a un contesto intersoggettivo.

In questa prospettiva si inserisce il contributo di Daniel Stern (1934-2012), psichiatra e psicoanalista statunitense. Egli focalizza l'attenzione sui precoci processi interattivi di natura sociale, cui bambino e madre partecipano sin dai primi mesi di vita e che rappresentano il prototipo per i successivi scambi interpersonali.

E' sulla base di queste interazioni sociali precoci che secondo l'autore il bambino costituisce i modelli di esperienza soggettiva interna e di relazione che costituiscono le rappresentazioni mentali di sè e dell'altro.

Stern pone dunque l'attenzione sulla capacità della coppia madre-bambino di raggiungere, stabilire e recuperare un livello di stimolazione ottimale per lo sviluppo del bambino.
In questa prospettiva il contatto fisico tra l'infante e il suo caregiver assume un ruolo fondante nella costituzione stessa del Sè. Questo porta grandi risvolti anche nel campo della psicoterapia dove l'autore sostiene che:

"...ogni momento di cambiamento implichi un' esperienza reale inaspettata, riguardante la relazione tra due (o più) persone in un intervallo di tempo che viene esperito come ora. Ora è un momento presente con una certa durata, che mette in scena una breve storia emozionale riguardante la loro relazione. Tale esperienza viene vissuta da entrambi, nel senso che ciascuno partecipa intuitivamente all'esperienza dell'altro. La condivisione intersoggettiva della loro mutua esperienza è colta da entrambi senza essere necessariamente verbalizzata ed entra a far parte della conoscenza implicita sulla loro relazione. Essa crea un nuovo campo intersoggettivo tra i partecipanti, in grado di modificare il loro rapporto e di indurli ad intraprendere insieme nuove strade. Il momento genera una forma particolare di coscienza e viene codificato nella memoria . E, fatto notevole, riscrive il passato. Il cambiamento in psicoterapia (o in ogni altra relazione)ha luogo grazie a questi cambiamenti improvvisi e imprevedibili nel modo di essere con gli altri."

In quest' ottica il contatto viene visto come qualcosa di vitale nella relazione, capace di generare il cambiamento
Stern cita nel suo libro un chiaro esempio di questo:

"Come abitudine, un terapeuta di mia conoscenza stringeva la mano ai suoi Pazienti quando entravano nello studio, per "salutarli" prima di iniziare a lavorare. Lo stesso faceva alla fine della seduta, quando il Paziente stava per andarsene. Un giorno un Paziente riportò una serie di eventi molto toccanti, che lo avevano scosso profondamente (sortendo lo stesso effetto sul terapeuta). Il Paziente era addolorato, quasi stravolto. Alla fine della seduta, durante la stretta di mano finale, il terapeuta unì entrambe le mani sulla destra del Paziente, in una "doppia stretta". Si guardarono, senza dire niente, per diversi secondi. Di ciò non parlarono nelle sedute successive, tuttavia la relazione aveva subìto un importante cambiamento. Qualcosa di vitale era stato aggiunto a quanto detto nel corso della seduta, al punto che l'intera seduta aveva assunto un significato differente.Il momento entrò a far parte della coscienza e fu memorabile; anzi, quella stretta di mano divenne uno dei momenti decisivi nel corso dell'intera terapia".

Nel commentare l'aneddoto l'autore sottolinea quali sono le caratteristiche dei momenti *Ora* che si rivelano capaci di promuovere il cambiamento:

◆ Tutto ciò che è accaduto in quel momento è stato implicitamente compreso da entrambi, senza necessità di traduzione in parole, determinando una conoscenza implicita nella loro relazione.

♦ Ciascuno ha percepito l'esperienza dell'altro, ed entrambi hanno percepito la mutua partecipazione alle loro esperienze reciproche attraverso la creazione di un nuovo stato intersoggettivo.

♦ Benchè anticipata da eventi precedenti, l'esatta comparsa del momento presente non era stata pianificata nè era prevedibile, ma è emersa spontaneamente. La vita procede per cambiamenti improvvisi.

♦ E' stata rappresentata una storia, per quanto breve e condensata, di cui i soggetti hanno fatto esperienza diretta.

♦ Il momento presente è stato registrato nella mente di entrambi, e ha potuto in seguito essere richiamato alla coscienza.

5. Un caso di Patrick Casement: il non contatto nella psicoterapia tradizionale.

Abbiamo visto nel capitolo 2 come la psicoanalisi tradizionale ponga il veto al contatto fisico tra analista e Paziente, perchè lo vede come un possibile soddisfacimento di un bisogno del Paziente, e non come una possibilità di contatto terapeutico.

Patrick Casement, nel libro *"Apprendere dal Paziente"* ci aiuta a comprendere meglio questa prospettiva, analizzando e commentando un suo caso clinico.

L'autore presenta il caso della signora B., con cui ha intrapreso una terapia psicoanalitica con quattro sedute settimanali, che prevede l'utilizzo del lettino.
Casement presenta il quadro generale della situazione della terapia con la signora B., al momento in cui riceve dalla Paziente la richiesta della possibilità di prendergli la mano, qualora ne senta la necessità, mentre rivivono insieme un evento per lei traumatico.

In questa situazione l'analista sceglie di non essere disponibile a prendere la mano dell'analizzanda, nel caso in cui lei si fosse protesa a farlo perchè ritiene che questa sia una manovra difensiva per tentare di eludere il fatto di rivivere completamente l'esperienza traumatica.

"Dopo che la signora B. ha rivissuto l'incidente (in cui era stata ustionata dall'acqua bollente), mi convinco che, nella sua analisi, il peggio sia ormai passato. Ho in mente le

parole di Winnicott: *"Finchè non si raggiunge il fondo e ciò di cui si ha paura non viene vissuto, non si arriva alla fine"*.

Sono però a conoscenza di un'operazione subita dalla signora B. a diciassette mesi, in anestesia locale, per togliere la pelle in eccesso del tessuto cicatriziale lasciato dalle ustioni. So anche che la madre, durante l'operazione, è svenuta e la bambina ha dovuto affrontare da sola il chirurgo, che ha continuato noncurante il proprio lavoro. In un periodo in cui la Paziente non si sentiva sostenuta dal proprio matrimonio, è emerso d'improvviso un ricordo di quell'evento: le è venuto in mente di aver pensato che il chirurgo stava per ucciderla con il coltello. Al tempo dell'operazione, si è sottratta a quell'intollerabile esperienza perdendo la coscienza (in realtà, è il dolore legato a questo ricordo che l'ha portata a chiedere aiuto alla psicoanalisi).

Conosco bene quell'evento precoce, ma lo giudico meno importante dell'incidente, che la Paziente mi ha raccontato nella prima seduta. Ho bisogno di credere di aver già "toccato il fondo", e aver superato quel momento".

Riporta poi la sequenza clinica delle sedute :

"Subito dopo le vacanze estive, la signora B. mi racconta un sogno: *Cerca di dar da mangiare a un bambino disperato: ha circa dieci mesi, è in piedi; non è chiaro se è un maschio o una femmina. La Paziente riflette sull'età: suo figlio fra poco avrà dieci mesi; ha imparato a stare in piedi: lei stessa ha iniziato a quell'epoca (prima dell'incidente). Si chiede come mai il bambino del sogno sia così disperato : il suo è vivace, e pensa di essere stata anche lei una bambina normale, allegra, fino alla disgrazia.*

Mi viene da pensare che la signora si è sempre aggrappata a un'idealizzazione della propria infanzia prima dell'incidente. Mi chiedo se non stia ora mettendo in crisi questa immagine; forse, commento, sta incominciando a porsi qualche domanda proprio su quel periodo: **probabilmente, non tutto è stato così felice come ha sempre voluto credere. Solleva all'improvviso una mano, mi fa segno di fermarmi.**

Segue un attimo di silenzio, mi chiedo perchè sia così angosciata: può darsi che riesca a considerare, di quanto è accaduto prima dell'incidente, solo ciò che può giudicare perfetto; o forse usa quell'evento come ricordo schermo: questa possibilità mi pare più probabile. **Aspetto un attimo, poi le dico che mi sembra abbia paura di scoprire qualche esperienza negativa prima dell'incidente:** come se dovesse tenere separati, in maniera netta, il bene che lo ha preceduto, dal male che lo ha seguito. Mi ascolta in silenzio, non ha alcuna reazione percepibile fino al termine.

<u>Il giorno dopo la signora B. arriva con lo sguardo carico di terrore:</u> né in questa seduta, né in quelle successive, riesce a sdraiarsi.

Quando ho continuato a parlare, dopo che mi aveva fatto segno di smettere, mi spiega, il lettino è "diventato" il tavolo operatorio e io ho proseguito l'operazione, come il chirurgo noncurante dello svenimento della madre. Ora non può mettersi giù, perchè "quell'esperienza continuerebbe", ne è sicura: niente la potrebbe fermare. In uno di questi incontri da seduta la signora B. mi mostra una fotografia della sua casa di vacanza, costruita sul fianco *di una montagna, con ampi muri di sostegno: mi fa notare come questi siano essenziali per evitare che crolli. Ha paura di "cadere per sempre": ha provato questa sensazione, le pare, dopo che la madre è svenuta.*

So da un'altra seduta che, quando nel corso dell'operazione la madre è scomparsa dalla sua vista, la Paziente ha pensato che fosse morta. Ora comincia a raccontare una parte a me sconosciuta di quell'esperienza.

All'inizio dell'operazione, sua madre le teneva le mani, e ricorda il terrore provato accorgendosi che le mani della madre scivolavano via mentre perdeva i sensi e scompariva: è da allora, pensa, che tenta di ritrovare quelle mani.

La signora B. sottolinea quanto sia importante per lei il contatto fisico:non riuscirà mai più a sdraiarsi sul lettino se non le concedo la possibilità, in caso di bisogno, di prendermi la mano, per rivivere l'esperienza dell' operazione. *Si chiede se sarò d'accordo o meno: un mio rifiuto metterebbe in forse il proseguio dell'analisi.*

Le rispondo dapprima che ritengo legittima la sua necessità di sentirmi "in contatto" con la sua intesa angoscia. Ma la Paziente insiste per sapere se le prenderei davvero la mano. Mi sento sempre più teso: siamo quasi alla fine di una seduta di venerdì, inizio a pensare che lasci sul serio l'analisi.

Faccio un commento ambiguo, per difendermi: dico che per alcuni analisti una concessione del genere è impensabile; lei però può aver bisogno di prendermi la mano, perchè costituisce forse l'unico modo per superare quell'esperienza. Mentre dico queste parole, sembra un po' sollevata.

Durante il fine settimana, cerco di capire quali conseguenze potrebbe lasciarle quella possibilità. Dalla mia reazione controtansferale traggo alcune importanti conclusioni: a) mi sto in effetti ponendo come una madre che le tiene la mano, "migliore" di quella reale, incapace di sopportare ciò che le stava accadendo; b) la mia offerta è stata in parte causata dalla paura di perdere la Paziente; c) tenendole la mano, ne sono quasi sicuro, non l'aiuterei, come invece lei suppone, a rivivere e superare il trauma originario (un elemento essenziale è stato infatti l'assenza delle mani materne): si aggiungerebbe un fattore fondamentale, rinforzando la convinzione della Paziente che quell'evento sia troppo terribile per essere ricordato in ogni particolare, o rivissuto. Decido dunque di esaminare con lei, appena possibile, le conseguenze della mia proposta.

***La domenica ricevo una lettera, recapitata a mano**: la signora mi comunica che ha fatto un altro sogno sul bambino disperato; questa volta ci sono però segni di speranza. Il bambino si muove carponi verso una figura immobile: ha l'espressione eccitata, pensa di raggiungerla.*

***Lunedì la signora B.**, benchè piuttosto rassicurata dal sogno, **rimane seduta sul lettino**.*
Pensa che sia io la figura centrale: rappresento la sua madre perduta. Mi fa anche notare che ha voluto comunicarmi subito il sogno. Interpreto la sua paura che non riuscissi ad aspettare, senza essere rassicurato; è d'accordo: se avessi saputo solo il lunedì che si sentiva più fiduciosa, nel fine settimana, temeva, sarei stato sopraffatto dal peso della seduta del venerdì.

Da quanto emerge nel corso dell'incontro **appare chiaro che lei consideri la possibilità di tenermi la mano una "scorciatoia" per sentirsi più al sicuro**; *mi vuole inerte, così può controllarmi, e non lasciarmi muovere, mentre si avvicina lentamente a me eccitata dall'idea che alla fine avrà il permesso di toccarmi. La signora B. mi comunica allora un'altra immagine, la continuazione diurna del sogno: il bambino raggiunge la figura centrale, ma appena la tocca quella si sgretola, cade.*

Approfitto di questa comunicazione per dirle che ho riflettuto a lungo sul problema: l'ambigua offerta della mia mano può esserle sembrata un mezzo per affrontare l'evento di cui ha così paura: in realtà, la farebbe diventare un'esperienza diversa da come è stata in realtà. *Faccio una pausa, poi riprendo il discorso:* **sarei un cattivo analista, se in qualche modo la incitassi a evitare un elemento così centrale dell'evento originario. Non ho quindi intenzione di lasciarle la possibilità di prendermi la mano.**

La signora B. è sbalordita. Mi chiede se mi rendo conto di quello che ho fatto; ho lasciato andare le sue mani, come la madre: la sua interpretazione immediata è che anch'io non posso tollerare di vivere con lei quell'esperienza. **Qualsiasi cosa io dica, resterà dell'idea che io ho paura a lasciarmi toccare da lei.**

<u>La Paziente appare, il giorno successivo, ancora sconvolta dalle mie parole</u>: *seduta sul lettino, mi dice che il suo braccio sinistro (il più vicino a me) sta "fumando", l'ho scottata: non riesce più ad accettare alcuna mia interpretazione, solo una risposta fisica potrebbe aiutarla.*

Non vuole più continuare l'analisi, per non subire, nel corso delle sedute, esperienze così drammatiche. Non si fiderà più di me.

Cerco di interpretare le sue comunicazioni: la fiducia che riponeva in sua madre, recuperata in piccola parte dopo l'incidente, era andata definitivamente perduta dopo lo svenimento; la rottura era stata allora definitiva, determinante per il rapporto successivo. Ora, mi sembra, sta cercando di far rivivere quel conflitto con me, per recuperare una situazione mai risolta. Mi sta ad ascoltare, mano mano che capisce fa cenni di approvazione: ripete però che nessun rimedio è possibile.

Il giorno dopo, la signora B., è ancora in collera con me per il mio comportamento: pensa che mi sia tirato indietro; la possibilità di tenermi la mano aveva per lei il significato di un sostegno vero e proprio. *È sicura che non ne avrebbe approfittato; avrebbe costituito invece un fattore di importanza vitale: cambiando idea, le ho sottratto la mano a cui tenersi stretta. Ora sono la madre spaventata: le sembra di avere un braccio sul fuoco: anch'io, pensa, ho paura di bruciarmi.*

Mi racconta che il giorno prima, subito dopo la seduta, le sono venute idee di suicidio: per tirarsi fuori ha chiesto a un'amica di tenersi pronta ad andare da lei, in qualsiasi momento, se si fosse accorta di non farcela; non ne aveva poi avuto bisogno: la disponibilità di un'altra persona era stata sufficiente a evitarle di uccidersi.

L'amica ha capito la sua richiesta nel senso giusto: io no.

Ha la necessità di ottenere da me, replico, qualcosa di diverso da quanto gli altri possono offrirle: non ha bisogno che metta a tacere la sua angoscia proponendomi come una "madre più buona". È importante invece che io non abbia paura della sua collera, o della sua disperazione, e riesca a rivivere con lei quell'esperienza di non avere quelle mani da tenere *(Pausa)*.

Devo rimanere inoltre un analista , non diventare una "finta" madre: è molto importante che nessun mio intervento le faccia pensare a un mio bisogno di proteggermi da quello che lei vive e prova nei miei confronti. Mi ascolta, è più tranquilla.

Prima di andare via, si distende un attimo sul lettino. Da allora in poi, sta di nuovo sdraiata".

Torna quindi a narrare la sequenza clinica:

"Descrivo ora in breve le due settimane successive.

La Paziente sogna di sentirsi persa, *in pericolo, in mezzo a strane persone con cui non riesce a trovare un linguaggio comune. Commento che* **è preoccupata, si chiede se riuscirò a trovare un linguaggio comune con lei**. *In un'altra seduta immagina una bambina che piange lacrime di pietra; le interpreto come lacrime di una bambina pietrificata (lei stessa). Altri sogni: un bambino di pochi mesi, abbandonato e lasciato morire. Se stessa piccola, le viene negato l'ultimo cibo che desidera: c'è solo un uomo alto, è lui*

che non glielo lascia mangiare. È terrorizzata, prevede qualche esplosione.
È ancora convinta di non potersi mai più fidare di me: pensa che abbia paura di lei. *Allo stesso tempo, mi dice, il marito è molto favorevole all'analisi, vuole che la continui benchè ne debba sopportare molti contraccolpi: è la prima volta che mi comunica una cosa del genere. A un certo livello, commento, ha una maggior consapevolezza della mia capacità di sopportare i contraccolpi che mi infligge nel corso dell'analisi.*

Poco dopo, la Paziente mi racconta, durante la stessa seduta, due sogni: *nel primo accompagna una bambina, ogni giorno, a incontrare la madre, per fare un po' d'ordine nel caos; interpreto: mi porta la sua parte bambina, per rielaborare il caos emotivo nei miei confronti, una madre di cui non si può ancora fidare. È d'accordo ma, aggiunge, non accompagna la bambina dentro di sè per mano, la deve trascinare per i capelli.*
Nel secondo sogno, sta precipitando nell'aria: è convinta di essere sul punto di morire, benchè sia sorretta da un paracadute e ci sia un elicottero che la sorveglia.
Si accorge della contraddizione (è certa di dover morire, mentre in realtà è al sicuro), me è lo stesso terrorizzata, sia nel sogno che con me in seduta. **Non sa se me ne rendo conto, è convinta che la propria parte emotiva stia morendo.**

Il lunedì successivo mi racconta questo sogno: *è venuta per l'ultimo incontro, non può continuare. Ha iniziato a* cadere per sempre, il lettino e la stanza crollano con lei: non c'è un fondo, nè una fine.

_Il giorno seguente si sente impazzire__: ha sognato che c'è una lastra di vetro tra di noi, e non può toccarmi ne vedermi in modo chiaro. È come un parabrezza senza tergicristallo, sotto un temporale. Non riesce, interpreto, a sentirmi in contatto con le sue emozioni: c'è una barriera tra di noi, creata dalla tempesta dei suoi sentimenti, che le impedisce di vedermi bene; capitava lo stesso con la madre. Annuisce, scoppia in un pianto incontrollato, si contorce sul lettino, torturata dal dolore._ **Al termine dell'incontro cade nel panico, teme che non riesca a sopportare di averla vista soffrire in quella maniera.**

_Il venerdì mi parla di un nuovo impiegato del suo ufficio__: gli ha domandato quanto è durato il suo periodo di formazione; si è poi resa conto di avergli chiesto le credenziali._ **È preoccupata, commento, perchè non è sicura che lo abbia l'esperienza sufficiente per comprenderla**_. Forse ha usato la parola "credenziali" perchè allude a "credere". "Certo", risponde, "credo": vorrebbe pensare che la capisco, e avere fiducia in me, ma non ci riesce ancora._

La settimana seguente continua a dire che non può andare avanti così. _Nel week-end ha fatto molti sogni, terribili, e vuole di nuovo stare seduta. Ogni tanto sembra davvero allucinata: il suo senso di realtà è molto debole, talvolta svanisce._

Per la maggior parte della seduta il lunedì appare come una bambina. *Esordisce dicendo che non si limita a parlare a suo figlio: lo prende, lo tiene in braccio. Poi mi guarda dritto negli occhi: "Io sono una bambina piccola, ho bisogno che mi faccia da madre; deve rendersene conto: se non è pronto a sostenermi, non posso andare avanti, lo deve capire". Mi sento sottoposto ad un'enorme pressione. Alla fine mi fissa con uno sguardo di accusa: "Lei è mia madre, e non mi sostiene".*

Sono consapevole che mi percepisce in modo allucinato (lo spiegherei ora nei termini di immediatezza psichica del transfert): è rimasto poco "come se" analitico; talvolta non esiste del tutto. I miei tentativi di interpretare la situazione in base al transfert, come modalità per rivivere l'esperienza infantile, sono privi di significato. Non rappresento soltanto la madre che non la sostiene: la Paziente mi teme perchè sono diventato anche il chirurgo con il coltello in mano, che ha forse intenzione di ucciderla. Non sembra ormai avere alcun rapporto con me come analista".

L'autore riporta dunque la sequenza dei pensieri che lo guidano nel prendere la sua decisione:

"Supervisore interno: Rifletto sul dilemma in cui mi trovo: se non soddisfo la sua richiesta, posso perdere la Paziente per sempre, che rischia anche un vero crollo psicotico e il ricovero. Ma se cedo, colludo con la percezione allucinatoria che ha di me, e gli elementi non rivissuti del trauma verranno considerati sempre più qualcosa di troppo terribile, da non affrontare mai. Mi ha messo in una situazione

impossibile. *Una volta riconosciuto il processo di identificazione proiettiva in atto, inizio però a recuperare, rispetto al vissuto di completa impotenza: mi sento finalmente in grado di intervenire, utilizzando le emozioni che la Paziente mi ha indotto."*

Prosegue dunque con il racconto della sequenza clinica:

<u>**Le dico, parlando molto lentamente**</u>, *con molte pause, per verificare se mi sta seguendo:* **"Mi sta facendo provare il senso di dispiacere e di impossibilità ad andare avanti che lei stessa sente***...sono consapevole di trovarmi in uno stato completamente paradossale...da una parte, mi sembra impossibile, in questo momento raggiungerla; eppure, ho l'impressione che l'unico modo per avere un contatto con lei sia confidarle questi miei vissuti".*

<u>**Mi segue, è molto attenta, fa deboli cenni di approvazione**</u>*. Proseguo: "Mi sembra inoltre impossibile andare avanti, ma, penso, ho un'unica possibilità per aiutarla: essere pronta a sopportare tutti i sentimenti che mi comunica, e continuare lo stesso".*

<u>**Dopo un lungo silenzio, la signora B. mi parla di nuovo come a un analista:**</u> **"Per la prima volta le credo: è in contatto con le mie emozioni.** *È sorprendente, riesce a sopportarle".*

<u>**Le propongo allora un'altra interpretazione:**</u> *il disperato desiderio che mi lasciassi toccare da lei è stato un modo per comunicarmi un suo bisogno: dovevo essere*

davvero in contatto con l'esperienza che stava vivendo. Questa volta si dichiara d'accordo. Rimane zitta per gli ultimi dieci minuti della seduta, e mi sembra importante non far nulla che interrompa il suo silenzio.

Il giorno dopo mi spiega che cosa è accaduto in quegli istanti: ha sentito la presenza della madre, e le sue mani tenevano di nuovo le proprie. Era la mamma prima dello svenimento, con cui era in contatto, perchè, da allora, non si era più sentita sostenere in quel modo.
È riuscita, le dico, a trovare la madre interiore, con cui aveva perso ogni rapporto, diversa da quella finta, che voleva vedere in me. **È ora chiaro, che se avessi acconsentito a sostenerla fisicamente, avrei sottratto a lei, e anche a me, l'esperienza di quei vissuti: come se davvero non fossi in grado di condividerla con lei.** Comprende subito ciò che implicano le mie parole: "Avrebbe perso il suo ruolo di analista, prima non l'avevo capito, ma ora me ne rendo conto: sarebbe scomparso, come mia madre quando è svenuta; sono proprio contenta, ha fatto sì che non accadesse niente del genere".

Riassumo parte dell'ultima seduta di quella settimana.

La Paziente si sveglia allegra, inizia a cantare alcuni brani del Franco cacciatore di Weber, il cui intreccio, mi spiega, rappresenta il trionfo della luce sulle tenebre. **Ha fatto un sogno:** viaggia su un automobile che è sfuggita al suo controllo perchè ha assunto una vita autonoma. Va a sbattere contro una barriera che le impedisce di finire nella corsia opposta; la barriera la salva perchè non *crolla:altrimenti, morirebbe. È molto sollevata che io abbia resistito alle sue rabbiose richieste: sono rimasto saldo, riuscendo così a fermare un processo, che aveva ormai assunto vita autonoma, incontrollabile.*

Alla fine del sogno, la Paziente si salva uscendo dal parabrezza della macchina, che si apre davanti a lei come due porte di cristallo."

Casement discute quindi il suo operato, sottolineando come l'offrire il contatto fisico, come forma di contenimento, avrebbe impedito alla Paziente di elaborare il proprio trauma:

"In questo esempio interagiscono varie dinamiche. L'iniziale offerta, da parte mia, di un eventuale contatto fisico è l'equivalente, per quanto paradossale, del ritiro controtransferale che la Paziente poi mi attribuisce per aver deciso di rifiutare la possibilità per lei più facile. Secondo quella che Bion chiama "identificazione proiettiva a rifiuto dell'oggetto", il controtransfert assume qui il carattere di paura del contenitore del proprio contenuto".

"Sorge un vero problema, tra la Paziente e me, quando ritiro la precedente proposta sull'opportunità di prendermi la mano. Equiparando questo evento al fattore centrale del trauma originario, la Paziente rivive con modalità molto intense e realistiche la propria esperienza passata, riuscendo, per così dire, a "riunirsi" alle proprie emozioni, ora "scongelate", a propria disposizione. Il tempo trascorso, prima rimosso, diventa nel presente una realtà psichica conscia, a cui (questa volta) non sfuggire a scopo difensivo. Da parte mia, devo cercare di sopravvivere nel ruolo dell'analista, e non cedere, per permetterle di "disinnescare"

la precoce fantasia che la madre fosse svenuta perchè il suo bisogno di lei era troppo intenso.

L'interpretazione finale, risolutiva, si sviluppa in me, nel corso della seduta, dopo aver capito che è in atto un processo di identificazione proiettiva. Mi accorgo che la Paziente mi investe con la propria disperazione, allo scopo inconscio di farmi provare lo stesso insopportabile stato emotivo: da sola, non riesce a contenerlo.

La signora B. mi sottopone, in modo totale, all'impatto della propria esperienza: ci si può chiedere se accadrebbe anche qualora, all'inizio, non affrontassi la questione del tenermi la mano come un problema aperto. Se seguissi la teoria, e la regola classica per cui non si deve avere alcun contatto fisico, per nessun motivo, sceglierei senza dubbio la strada più sicura, almeno per me; è probabile però che la Paziente percepirebbe in modo adeguato la mia paura di prendere anche solo in considerazione questa possibilità. Potrei mantenere una distanza di sicurezza "classica", corretta: non sono però sicuro che la Paziente rivivrebbe il trauma precoce in termini così reali e, alla fine, così efficaci da un punto di vista terapeutico.

Agisco invece seguendo il mio intuito; è straordinario come i miei interventi facciano ripercorrere alla Paziente l'evento nei minimi particolari: ha bisogno di fare questa esperienza all'interno del lavoro analitico, e di provare una vera e propria rabbia".

"Vorrei aggiungere qualcosa sul recupero del sostegno analitico: è stato possibile per via sperimentale, insieme con la Paziente, non seguendo regole empiriche; si è così dimostrato qualcosa di più della correttezza della posizione classica sull'evitamento di ogni contatto fisico: questo ha via

via acquistato un significato specifico per la Paziente e, secondo me, le ha permesso di rivivere, in modo più completo di quanto sarebbe stato possibile, il trauma precoce.

Se rispondessi al sostegno fisico che mi chiede, il trauma centrale rimarrebbe congelato, e la Paziente potrebbe ritenere di non poterlo mai affrontare: reintroietterebbe non una paura di morire ora sopportabile, ma un terrore inesprimibile".

Nel caso riportato è dunque evidente come per l'analista, anche dopo una prima messa in discussione delle regole "classiche", il contatto fisico resti una "scorciatoia" per alleviare il dolore della Paziente, ostacolando la reale rielaborazione dei vissuti traumatici.

6. Fosshage: una buona riflessione nella prospettiva intersoggettiva, commentando il caso di Casement.

"Il contatto fisico è una potente forma di comunicazione.
Non possiamo permetterci di escludere
un modo di comunicazione profondamente importante
dalla nostra professione di cura". (Fosshage)

James Fosshage, esponente della corrente psicoanalitica intersoggettiva, nel suo articolo *"I significati del contatto fisico in psicoanalisi: è giunto il tempo di una nuova valutazione"* ci invita a riflettere su come lo spostamento, all'interno della psicoanalisi, dal modello intrapsichico a quello intersoggettivo e relazionale implichi la necessità di riconsiderare il tema del *"toccare o non toccare".*

All'interno di questo nuovo paradigma teorico la relazione analitica viene riconcettualizzata come campo intersoggettivo, nel quale c'è influenza bidirezionale ed interattiva tra terapeuta e Paziente. Viene, dunque, riconosciuto come qualsiasi azione, o non azione, dell'analista influisca in vari modi sul campo relazionale e, quindi, sull'esperienza che il Paziente vive della relazione analitica. Fosshage descrive come venga rivisto il tradizionale concetto di transfert:

"Il Paziente e il terapeuta co-contribuiscono in vari modi all'esperienza transferale del Paziente. ....Il Paziente tende

ad organizzare gli eventi percettivi attuali, ai quali contribuiscono sia l'analista che il Paziente, attenendosi agli schemi organizzatori primari delle tematiche emotive, che si sono stabiliti attraverso l'esperienza vissuta".

In questa prospettiva dunque la neutralità e l'astinenza, e di conseguenza il contatto, sono tutte azioni dell'analista che contribuiscono all'esperienza transferale dell'analizzato.

"Il fatto di evitare fortemente il contatto fisico, cosa che la psicoanalisi tradizionale richiede, non permette di vedere che l'azione di evitare non è neutrale e può avere profondi e differenti significati per l'analizzando. Riconoscere che l'analista contribuisce in vario modo all'esperienza transferale dell'analizzando, ci rende più consapevoli della sottile e complessa comunicazione verbale e non verbale che ha luogo nel contesto analitico. A sua volta ciò apre la strada per considerare un'ampia gamma di interventi, incluso il contatto fisico, che potrebbero essere o non essere facilitanti".

Per aiutarci a comprendere meglio la diversa concettualizzazione di transfert presente nel modello psicoanalitico classico e in quello intersoggetivo Fosshage rivede in una diversa prospettiva il caso della signora B. di Patrck Casement, che abbiamo riportato nel capitolo precedente.

Ricordiamo brevemente che Casement aveva rilanciato lo specifico problema se acconsentire alla richiesta della Paziente di tenerle la mano, durante la riedizione di un trauma infantile ed aveva ritenuto che questa fosse una manovra difensiva volta ad eludere il fatto di rivivere completamente l'esperienza traumatica. Aveva dunque deciso di non acconsentire alla richiesta di contatto fisico, dando il via ad una spirale di deterioramento della Paziente stessa, che secondo l'autore è stata necessaria a *"rivivere"* il trauma originale.

Fosshage si interroga sul materiale proposto dal collega partendo dal sogno in cui la Paziente provava a dar da mangiare ad un bambino di 10 mesi disperato, che Casement aveva letto come un modo della Paziente per interrogarsi sul periodo prima dell'incidente.
Il terapeuta aveva interpretato il sogno, nonostante il cenno della mano della signora B., che gli chiedeva di fermarsi, e la signora era arrivata alla seduta successiva *"con lo sguardo carico di terrore"*. Spiegava di essersi sentita come durante l'intervento chirurgico a cui era stata sottoposta per rimuovere le cicatrici delle ustioni, quando il chirurgo aveva continuato ad operare, nonostante lo svenimento della madre.
La Paziente ricordò per la prima volta il terrore all'inizio dell'operazione, quando aveva percepito la mano della madre scivolare e sua madre svenire e sparire.

Casement scriveva come: *"La Paziente pensa che fin da allora sta cercando di ritrovare le mani di sua madre...disse che non avrebbe più potuto sedersi sul lettino di nuovo, a meno che non avesse saputo di poter tenere la mia mano, nel rivivere l'esperienza dell'operazione"*.

Fosshage riflette su come l'interpretazione data dal Collega sia centrata sull'esperienza della signora B. prima degli 11 mesi, mentre l'analista non si interroga su cosa faccia scattare il sogno in quel particolare momento dell'analisi o sul fatto che la Paziente stia entrando in contatto con la propria disperazione. Scrive:

"L'interpretazione di Casement, più che d'indagine, è stata decisamente d'urto. La signora B. obietta e gli segnala di fermarsi. Dopo una pausa egli rompe il silenzio e continua la sua linea interpretativa..... Il punto di vista di Casement secondo cui l'esperienza che la signora B. aveva di lui deriva dalle proiezioni e dagli spostamenti della sua esperienza traumatica passata, specialmente in relazione a sua madre e al chirurgo, è inserito in un modello di transfert come spostamento. Casement non considera come le sue azioni interpretative abbiano contribuito all'esperienza che la Paziente ha avuto di lui come dell'inarrestabile chirurgo".

Considerando la seduta successiva a quella del sogno Fosshage si interroga su cosa abbia innescato l'attuale terrore della Paziente e ipotizza che:

"la signora B. non sta semplicemente rivivendo il truma originale, ma sta attraversando un trauma co-creato con il suo analista, che è tematicamente identico – e modellato dal- trauma originario".

Tenendo in mente questi due modi diversi di leggere il transfert Fosshage dà una diversa lettura della scelta del terapeuta di non concedere la possibilità alla Paziente di tenergli la mano: *"La signora B. aveva bisogno di sapere* che poteve tenere la mano dell'analista "per poter affrontare di rivivere l'esperienza dell'operazione" .....Con la speranza generata dall'iniziale disponibilità di Casement a considerare ciò la Paziente gli fece recapitare una lettera che conteneva un sogno nel quale un bambino stava muovendo carponi verso una figura immobile con l'aspettativa piena di eccitazione, di raggiungere questa figura. Questo sogno la rassicurava facendola sentire piena di speranza. La signora B., come il bambino del sogno, sta cercando attivamente di raggiungerlo e, fino a questo punto, non è paralizzata dalla paura. Lei ha mandato la lettera per rassicurare Casement, perchè era preoccupata che lui potesse crollare come sua madre sotto il peso della seduta precedente".

Casement, poichè nel setting analitico classico il fatto di "rivivere completamente il trauma originario" viene considerato necessario per spingere i ricordi inconsci verso la coscienza, vive la richiesta della Paziente come una difesa e decide logicamente di non darle la possibilità di tenere la sua mano. Secondo Fosshage invece:

"Il ricordo e il fare esperienza di un trauma da parte dell'analizzando, tuttavia, non può essere un'esatta replica. Perchè ciò sia riparativo, in definitiva, deve avvenire in un modo differente; altrimenti il trauma sarebbe semplicemente replicato e rinforzato".
"La signora B. non dice di avere bisogno di tenere la sua mano, invece di parlare del trauma. Inoltre, la sua richiesta della disponibilità di Casement, e non il tenerle la mano, suggerisce, secondo me, che in quel momento non si stava

difendendo dalla formulazione dei propri pensieri e sentimenti".

A generare il terrore secondo l'autore è la: *"ripetizione dell'esperienza traumatica nell'analisi"* ed è ciò che *"impedirà una rielaborazione riflessiva e probabilmente il pieno ricordo del trauma del passato".*

"Piuttosto che una madre immaginaria, io vedo che la signora B. stava cercando di ricreare con il proprio analista un senso di protezione e sicurezza per superare il trauma attauale che, a sua volta, avrebbe fornito la necessaria sicurezza per ricordare e rivivere i ricordi traumatici passati".

Casement considera la "spirale di deterioramento" che consegue alla seduta come rivivere completamente con lui il trauma originale e pur individuando il ritiro dell'offerta della mano come una messa in atto della sua responsività di ruolo, non contempla la possibilità di aver interagito con la Paziente in modo tale da contribuire all'esperienza dolorosa.

Fosshage scrive: *"In contrasto io vedo la sua esperienza come una co-creazione della replica del trauma originale, scattata dalla sua inflessibile azione interpretativa... Nella mia visione, le sue azioni diedero il via ad un'intensa ira correlata a un sentimento, che lei esprimeva chiaramente, di non essere stata ascoltata e di non essere stata "sostenuta" nel modo in cui aveva bisogno".*

Propone quindi l'idea che essere disponibili a offrire la mano come chiede la Paziente potrebbe essere una risposta facilitante:

"Se l'analista avesse visto e riconosciuto il suo contributo e fosse stato attivamente capace di considerare riparativi, così come difensivi, i significati del tenere la mano, sospetto che l'esperienza curativa necessaria, di un chirurgo con cui si è in relazione, un chirurgo che potrebbe ascoltarla, e una madre protettiva, una madre che potesse stare lì (come fece Casement nell'ultima analisi) sarebbe potuta avvvenire dovendo sostenere meno terrore e rischio".

Attraverso una diversa lettura di questo caso Fosshage ci guida a riflettere su come sia giunto il momento in psicoanalisi di guardare al contatto fisico con occhi diversi. Egli ricorda come il contatto fisico tra Paziente e analista avvenga più frequentemente di quanto sia riportato e come la teoria della tecnica sia diversa dall'analisi praticata negli studi.

"In un'indagine privata sono venuto a conoscenza del fatto che, approssimativamente, su trenta analisti, ognuno di essi aveva abbracciato, o era stato abbracciato dai propri Pazienti".

Se ricorda come non possiamo permetterci di escludere una forma così potente di connessione, nell'entrare a contatto a livello profondo con altri esseri umani, ci ricorda anche come il contatto fisico, al pari delle altre risposte analitiche, possa essere problematico:

"Il desiderio di contatto fisico può essere generato da propositi protettivi, e il compito più importante è comprendere cosa sta creando angoscia. La ricerca e l'esperienza clinica chiariscono che il contatto fisico deve essere in accordo con i bisogni e i desideri del Paziente e con il livello di intimità della relazione".

"Il contatto fisico può essere sensuale o muovere sentimenti sessuali; così come può farlo uno sguardo, un'intonazione o una sottolineatura verbale. Quando i sentimenti sessuali entrano nell'arena analitica essi, come tutti i sentimenti, devono essere compresi, accettati e modulati".

Fosshage sottolinea inoltre come sia importante che anche l'analista si senta a proprio agio e autentico nell'incontro analitico. Scrive di se stesso:

"Per quanto mi riguarda mi piace e mi sento abbastanza a mio agio rispetto al contatto fisico. Nel contesto analitico trovo che le strette di mano, con gli uomini e le donne, creino un senso di rispetto e di impegno reciproco. Qualche volta diventano ritualizzate; spesso non lo sono. Mi ritrovo facilmente a toccare la spalla di un Paziente, uomo o donna che sia, quando sta uscendo dalla porta. Abbracci sulla porta accadono occasionalmente. Vista la natura di questi abbracci, essi raramente sono percepiti come erotici. Quando ciò accade, lavoriamo con questi sentimenti. Alcuni Pazienti, invece, non li ho mai toccati, eccetto che per una stretta di mano alla fine del trattamento".

Il contatto fisico diviene dunque uno dei possibili interventi e come tale va valutato e compreso all'interno dello specifico campo relazionale creato in quel momento da quella coppia terapeuta-Paziente.

Scrive ancora Fosshage: "*Mentre invece il contatto fisico durante le sedute, personalmente l'ho incontrato raramente, perchè ho avuto la sensazione che il contatto fosse una potenziale interferenza con la formulazione della propria esperienza da parte degli analizzandi. Per un trauma preverbale, tuttavia, il contatto potrebbe essere richiesto per stabilire una connesione empatica. Il contatto fisico è avvenuto durante sedute nelle quali ci sono periodi di profonda depersonalizzazione e disorientamento, e in quelle occasioni, il contatto, formulato con la simultanea formulazione dell'esperienza, ha aiutato a sostenere un ambiente di contenimento*".

Per concludere possiamo dunque ricordare come il contatto fisico, come ogni altra forma di comunicazione, possa essere usato in modo vantaggioso o meno, per facilitare la comprensione, l'interazione e l'analisi:

"*Se riconosciamo il potere comunicativo del contatto fisico ed espendiamo la nostra visione dei possibili significati del contatto fisico oltre quello di un desiderio infantile o di una formulazione difensiva, saremo in grado di comprendere meglio le richieste dei nostri Pazienti di contatto fisico o di gesti spontanei che implichino il contatto. Ciò permetterà all'analista di essere più tranquillo, e senza considerare se l'analista sceglie il contatto oppure no, egli sarà più capace di lavorare sui significati del contatto fisico in maniera più flessibile e continuativa*".

7. Il contatto nella terapia bioenergetica

"Parlare è necessario e utile
ma la tensione muscolare cronica,
che si accompagna alla perdita di grazia,
va affrontata a livello corporeo".
(Lowen)

Ferenczi ha introdotto nel paradigma psicoanalitico l'idea che il contatto con il corpo del Paziente porti alla memoria eventi della vita del passato e le emozioni ad essi correlate.

Un suo allievo Whilem Reich (1897-1957), estremizza questa innovazione, elaborando una teoria e una tecnica terapeutica che prevedono un'azione diretta sul corpo, per eliminare i blocchi emotivi presenti nei pazienti. Egli scrive:

"L'intervento diretto sul corpo offre la possibilità di evitare, quando necessario, la complicata deviazione attraverso la struttura psichica e di irrompere nel sentimento attraverso la predisposizione somatica".

Reich ha sistematizzato forme di contatto a scopo psicodiagnostico e psicoterapeutico.
Secondo l'autore, infatti, le persone si difendono dalle emozioni (per esempio dall'ansia, dalla rabbia o dall'eccitazione sessuale) assumendo specifici atteggiamenti corporei, tipici del loro carattere.

In tal modo si sviluppa una corazza muscolare, cioè lo schema globale delle tensioni muscolari croniche nel corpo. Queste sono strutture muscolari e fisiologiche, che trovano riscontro in pensieri, parole ed emozioni. È il corpo intero che "*parla*" attraverso il modo di muoversi, di respirare, con il tono e la tensione dei muscoli, le posture, l'espressività degli occhi e del volto, la qualità della voce.

La terapia delle nevrosi avviene dunque mediante l'azione sul corpo. Si agisce sulla respirazione, sulla muscolatura irrigidita, cercando di modificare gli atteggiamenti corporei con opportuni esercizi. Allentando le tensioni muscolari croniche, il Paziente può entrare in contatto con emozioni forti, dimenticate da lungo tempo, e con ricordi dolorosi.

Reich cura la nevrosi, oltre che con i tradizionali metodi psicoanalitici, attraverso una manipolazione corporea tesa a far emergere le emozioni e a sciogliere le tensioni muscolari croniche.

Alexander Lowen (1910-2008), psicoanalista americano, opo aver conosciuto Reich e iniziato con lui una terapia, è diventato un suo sostenitore. Scriveva nel 1956:

"Ogni disturbo emozionale è una riduzione della motilità".

A partire da queste idee elabora i concetti di base di un nuovo orientamento terapeutico: la bioenergetica. In *Bioenergetica* Lowen scriveva:
"La bioenergetica è una tecnica terapeutica che si propone di aiutare l'individuo a tornare a essere con il proprio corpo e

a goderne la vita con quanta pienezza possibile ..... Una persona che non respira a fondo riduce la vita del corpo. Se non si muove liberamente, limita la vita del corpo. Se non sente pienamente, restringe la vita del corpo. E se reprime la propria autoespressione, limita la vita del corpo".

Secondo l'autore un impulso emotivo vissuto in maniera conflittuale può essere represso attraverso il controllo dell'Io sulla muscolatura volontaria. La spasticità cronica impedisce la libera espressione di un sentimento e, allo stesso tempo, consente di non percepire più il sentimento stesso.

Lowen, come Reich, effettuava con i pazienti lavori di manipolazione diretta esercitata sugli strati più profondi del tessuto muscolare e connettivo.
Questo tipo di contatto può contribuire al recupero della motilità e a far riaffiorare sentimenti repressi legati ad esperienze conflittuali rimosse. L'individuo, attraverso lo sblocco delle capacità espressive, crea i presupposti per poter sperimentare un senso generale di appagamento e benessere.

L'attenzione al corpo non deve lasciar pensare all'idea di una terapia "meccanica", basata esclusivamente su esercizi fisici, di espirazione e manipolazione. Scriveva ancora Lowen:

"La bioenergetica è l'avventura della scoperta di se stessi. Differisce da forme analoghe di esplorazione della propria natura perchè cerca di capire la personalità umana dal punto di vista del corpo. La maggior parte dei metodi precedenti hanno centrato l'attenzione sulla mente; ci hanno portato

molte informazioni preziose, ma mi pare che non abbiano toccato il settore più importante della personalità, la sua base, che si situa nei processi corporei. La mia convinzione è che i processi energetici del corpo determinino ciò che succede nella mente esattamente come determinano ciò che succede nel corpo".

Il ruolo del terapeuta nel "viaggio alla scoperta di se stessi" è molto importante. Scrive infatti ancora l'autore in *Bioenergetica*:

"Sono convinto che la terapia sia un viaggio alla scoperta di se stessi ....Il terapista funge da guida o da navigatore. Ha imparato a riconoscere i pericoli e sa come affrontarli; è anche un amico che, quando la strada si farà difficile offrirà sostegno e farà coraggio.
È importante che il terapista bioenergetico abbia già concluso questo viaggio o sia comunque giunto a uno stadio avanzato, in modo da possedere un solido senso di sè. Deve essere, diciamo noi, abbastanza fondato nella realtà del proprio essere, in modo da poter servire da ancoraggio al suo Paziente, quando le acque si agitano".

Lowen vede il bisogno di armonia fra l'Io e il corpo come fondamento della grazia e della vera spiritualità. La bioenergetica è un tentativo di creare un ponte tra le antiche tradizioni orientali e l'occidente e se in *"Bioenergetica"* ha scritto:

"Vedo l'anima di una persona come il senso, o sentimento, di far parte di un ordine più vasto, universale. Un sentimento

del genere deve nascere dall'effettiva esperienza di far parte dell'universo, o di esservi collegati in qualche modo, a livello vitale e spirituale. Non uso il termine "spirituale" nella sua concezione astratta o mentale, ma come spirito, pneuma o energia. Ritengo che l'energia dei nostri corpi sia in contatto e interagisca con l'energia che ci circonda nel mondo e nell'universo".

In *La spiritualità del corpo* ha spiegato in maniera approfondita come:

"L'energia è la forza su cui si poggia lo spirito ed è quindi la base della spiritualità del corpo".

In questa prospettiva è dunque il *corpo spirituale* ad assumere un ruolo di centralità e il contatto è dunque la via privilegiata per la cura.

Per capire a fondo il suo pensiero ci è utile leggere come Lowen, in prossimità dei sessant'anni, avendo già concluso una terapia con Reich e una con Pierrakos, lavora su di sè in un momento di crisi personale:

*"**Circa cinque anni fa mi resi conto di provare un dolore al collo**. All'inizio lo provavo solo occasionalmente, ma poi divenne più netto, ogni volta che giravo la testa di scatto. Negli anni trascorsi da quando avevo smesso la terapia attiva non avevo ignorato il mio corpo.*
***Avevo continuato abbastanza regolarmente a praticare gli esercizi bioenergetici che uso con i pazienti.** Pur*

essendomi di grande aiuto, non avevano effetto sul dolore al collo, che sospetto fosse artrite cervicale.
Che il dolore fosse o meno dovuto a quello, palpandomi il collo sentivo che alcuni muscoli erano tesi.

Avevo anche altre tensioni muscolari alla parte superiore della schiena e alle spalle. In alcuni film ripresi mentre lavoravo con dei pazienti **notai che a volte tendevo a tenere la testa curva in avanti.** Questa postura creava un leggero arrotondamento della schiena fra le scapole.

Per circa un anno e mezzo eseguii con regolarità alcuni esercizi per cercare di alleviare il dolore e raddrizzare la schiena. Mi facevo anche massaggiare regolarmente da un terapista bioenergetico, che sentiva la tensione dei muscoli, su cui lavorava con energia per produrre un certo rilassamento. Gli esercizi e il massaggio mi procuravano un sollievo temporaneo. Dopo averli fatti mi sentivo meglio, ma **il dolore persisteva e la tensione continuava a tornare.**

In questo periodo ebbi un'altra esperienza che, credo, ebbe un certo ruolo nella soluzione del problema. Alla fine di un gruppo di lavoro **due** dei partecipanti, anch'essi **terapisti bioenergetici, si offrirono di lavorare su di me.** Non è una pratica che seguo abitualmente, ma quella volta acconsentii. **Uno dei due lavorava sulla tensione alla gola. L'altro lavorava sui piedi. Ad un tratto sentii un dolore acuto, come se qualcuno mi avesse tagliato la gola con un coltello. Ebbi immediatamente la sensazione che fosse stata mia madre** a farlo (a livello psicologico, non nella realtà). Mi resi conto che l'effetto era di farmi smettere di gridare, o di parlare. *Ho sempre avuto una certa difficoltà ad esprimere i miei sentimenti, anche se era un problema che con l'andare del tempo stavo pian piano superando. In alcune situazioni l'incapacità di esprimermi mi aveva causato un dolore alla gola, soprattutto quando ero stanco.*

Quando sentii male spinsi via il terapista e gridai di rabbia. Poi sentii un profondo sollievo.

Poco dopo questo incidente **feci due sogni che portarono il problema a un "climax".** *Li feci in due notti consecutive. Nel primo ero convinto di stare per morire d'infarto; pensavo che andava bene così, perchè sarei morto con dignità. Stranamente* **non provai ansia nè durante il sogno, nè al mattino, quando lo ricordai.**

La notte seguente sognai di essere il consulente intimo di un rè bambino, che era convinto che l'avessi tradito. Aveva ordinato che mi mozzassero la testa. Nel sogno sapevo di non averlo tradito e avevo fiducia che scoprisse l'errore, riabilitandomi e riammettendomi alla mia posizione. Il momento dell'esecuzione si avvicinava, ma io ero sempre fiducioso che sarebbe stata sospesa. Ed ero anche sicuro che la grazia sarebbe arrivata, magari all'ultimo minuto, quando finalmente, giunto il giorno dell'esecuzione, venni portatoo al patibolo. Nel sogno sentivo il boia che stava accanto a me impugnare una grossa mannaia. La sua figura non era chiara. Ma aspettavo ancora la grazia. Poi il carnefice si chinò, per togliermi la catena che mi legava le gambe. Lo fece con le mani, poichè era fatta di un filo metallico inconsistente. D'un tratto capii: "Ma avrei potuto farlo io stesso", e mi svegliai. **Anche in questo sogno non avevo provato ansia per l'approssimarsi della morte.**

L'assenza di angoscia mi fece pensare che i due sogni avessero un significato positivo. *Perciò non feci un particolare sforzo per interpretarli. Per il primo quasi non occorreva interpretazione. Prima di fare quel sogno mi aveva preoccupato l'idea di avere un infarto. Mi avvicinavo ai sessant'anni, età in cui gli infarti non sono infrequenti, e sapevo che questo era il mio aspetto più vulnerabile. Fin dalla mia prima seduta con Reich sono stato consapevole di una mia certa riidità al petto, rigidità che non ho mai eliminato del tutto. Ero inoltre un inveterato fumatore di pipa, anche se non aspiravo il fumo. Il sogno non mi rassicurava, non diceva che non avrei avuto un infarto; piuttosto faceva apparire questa eventualità come un fatto di secondaria importanza.* **L'importante era morire con dignità: ma, mi resi subito conto, questo significava anche vivere con dignità.** *Questa presa di coscienza pareva cancellare in me la paura di morire.*

Dapprima non parlai a nessuno dei sogni. *Ma* **alcuni mesi dopo li raccontai a un gruppo di terapisti bioenergetici** *in California. Avevamo dedicato una seduta serale ai sogni.* **Non approfondimmo l'interpretazione del secondo sogno. Avevo la sensazione che mi dicesse che troppo a lungo mi ero tenuto in scondo piano nei confronti di un aspetto infantile della mia personalità,** *a qualcosa che non poteva procurarmi che guai.* **Dovevo prendermi il posto che mi spettava alla testa del mio regno (la mia personalità, il mio lavoro), poichè ero io**

che ne portavo la responsabilità. Fui contento di questa decisione.

Circa un mese e mezzo dopo mi incontrai con un altro gruppo di terapisti bioenergetici sulla East Coast e anche a loro narrai i due sogni. Nel frattempo avevo avuto qualche idea sul secondo. Sentivo che era connesso con il dolore al collo. Nel sogno stavano per tagliarmi la testa; la mannaia mi sarebbe calata sul collo. Cominciai dunque descrivendo il dolore cronico al collo, che adesso ritenevo collegato alla mia abitudine di non tenere la testa dritta. Infatti quando raddrizzavo il capo il dolore scompariva. Sapevo però di non poterlo fare coscientemente con la forza di volontà: ne sarebbe risultato un atteggiamento artificiale, che non sarei stato in grado di mantenere. La testa alta doveva essere un'espressione di dignità, in armonia con il significato del mio primo sogno.

Dopo aver riferito i sogni parlai anche di alcune mie impressioni infantili. Ero il primogenito della famiglia, e rimasi figlio unico. Mia madre era tutta dedita a me, ero la pupilla dei suoi occhi. Per molti versi mi considerava un giovane principe. D'altra parte insisteva sempre di saperne più di me e, quando ero indisciplinato, era spesso crudele. Era ambiziosa, e trasferiva su di me la sua ambizione. Anche mio padre era molto affezionato a me. La sua personalità era quasi l'opposto di quella di mia madre. Era tollerante e amante del piacere. Lavorava sodo nella sua piccola azienda, ma non aveva un grande successo. Io lo aiutavo a tenere l'archivio, perchè ero svelto con i numeri. Durante la mia infanzia mia madre e mio padre litigavano di continuo, in genere per questioni di soldi, e mi mettevano sempre in mezzo. Da un lato mi sentivo superiore a mio padre, dall'altro avevo paura di lui, perchè era più grosso e più forte. Non credo fosse stato lui a procurarmi questa paura. Non era severo e in tutta la vita mi diede un solo schiaffo. **Mia madre mi aveva messo in competizione con lui: è impossibile che un ragazzino la spunti.**

Mi resi conto di non aver mai risolto fino in fondo questa situazione edipica: perchè è chiaro che di questo si trattava. Mio padre era il rè bambino che non riuscivo a detronizzare: così io ero costretto a restare il giovane principe, pieno di promesse ma relegato in un ruolo secondario.

Quando riferii questa situazione, e parlai di me stesso in questi termini, seppi d'un tratto d'averla superata. Era il passato. Per liberarmi bastava che rompessi la catena inconsistente che mi legava le caviglie. Mio padre era morto molti anni prima, ma non contava. Seppi che adesso ero io il re e come tale potevo camminare con naturalezza a testa alta.

L'interpretazione terminò su questa nota. Non ci pensai più, ormai avevo capito. Un giorno scoprii che il dolore al collo era scomparso senza che me ne rendessi conto. Non è più riapparso.

Da allora mi resi conto che il mio atteggiamento nei confronti degli altri è cambiato. Molti lo hanno notato: dicono che sono diventato più dolce, più tollerante, che ho stemperato il mio atteggiamento di sfida e insisto meno *perchè gli altri accettino le mie opinioni.* **Prima lottavo per ottenere un riconoscimento dagli altri** *-perchè mi riconoscessero in quanto uomo e non come ragazzo, come re e non come principe.* **Ma nessuno poteva concedermi un riconoscimento che io stesso mi negavo. Ora non c'era più bisogno di lottare"**.

Questo racconto di Lowen del modo in cui ha condotto un pazzo del proprio "viaggio" ci aiuta a capire come la terapia energetica attraverso il contatto corporeo del terapeuta che massaggia e "manipola" il Paziente porti a un contatto più profondo con se stessi.

8. Il contatto nella terapia della Gestalt

*"Tutto il contatto è adattamento creativo
tra organismo e ambiente" (F. Perls)*

La terapia della Gestalt nasce dalle ricerche di F. Pearls, insieme con sua moglie Laura e a P. Goodman, secondo i quali la maggior parte delle terapie sottovalutavano, anzi ignoravano del tutto, il ruolo del corpo e si concentravano esclusivamente sulla mente.

Da questo presupposto nasce l'idea di sviluppare una terapia che applicasse i principi della fenomenologia di Husserl, filosofia che studia la struttura dell'esperienza soggettiva immediata.

L'esperienza intesa come ciò che si determina nel qui ed ora all'interno del campo generato dal contatto tra organismo e ambiente nello svolgimento di una funzione è dunque l'oggetto di studio della psicologia della Gestalt.

In *Teoria e pratica della terapia della Gestalt* Pearls esprime inoltre in modo chiaro e diretto come il contatto sia l'essenza stessa dell'esperienza:

"Noi parliamo dell'organismo che stabilisce un contatto con l'ambiente mentre la realtà più semplice e immediata è costituita dal contatto stesso"

L'esperienza, secondo Pearls, è dunque contatto, funzionamento del confine tra organismo e ambiente:

"La psicologia studia il modo di operare del confine di contatto nel campo organismo/ambiente. Si tratta di uno studio specifico ed è facile capire perchè gli psicologi hanno sempre incontrato difficoltà notevoli nel tentativo di delimitare il loro campo. Quando diciamo confine, pensiamo a un confine tra; tuttavia il confine di contatto, il punto in cui si verifica l'esperienza, non separa l'organismo dal suo ambiente; esso assolve piuttosto alla funzione di limitare l'organismo, di contenerlo e di proteggerlo, e allo stesso tempo si pone in contatto con l'ambiente".

Scrive ancora l'autore sul confine di contatto:

"L'esperienza si verifica ai confini tra l'organismo e il suo ambiente, fondamentalmente nell'epidermide e negli alti organi di risposta sensoriale e motoria. Il confine di contatto (per esempio, la pelle sensibile) più che essere parte dell'organismo è invece, in sostanza, l'organo di un particolare rapporto tra l'organismo e l'ambiente".

Il contatto è dunque in primo luogo accrescimento, perchè è riuscire a *"scoprire e realizzare"* la soluzione futura, ma passa attraverso una fase di *"distruzione"* della precedente organizzazione:

"Il processo di adattamento creativo nei confronti di nuove circostanze implica inevitabilmente una fase di aggressività e distruzione; infatti è solo attraverso questi avvicinamenti,

queste conquiste e trasformazioni delle vecchie strutture che il dissimile viene reso simile. Nel momento in cui una nuova configurazione acquista consistenza, vengono automaticamente distrutti in funzione di questo nuovo contatto sia le abitudini relative al contatto, sia lo stato precedente di quanto viene avvicinato e contattato. Più l'individuo è nevroticamente inflessibile, più la distruzione dello status quo può far insorgere paura, interruzione, angoscia; tuttavia il processo è costantemente accompagnato dalla certezza del costruirsi di una figura nuova".

L'intenzionalità di contatto è il motore naturale che ci muove nel costruire l'esperienza ma può essere inibita a seguito di una incapacità a tollerare emozioni troppo forti generate di conseguenza:

"Il continuo rinnovarsi dell'aggressività e della distruttività è condizione necessaria perchè ogni soddisfazione non si trasformi in qualcosa di passato e non più sentito. Ciò che normalmente definiamo come sicurezza , altro non è che aggrapparsi a qualcosa di non-sentito, un rifiutarsi di accettare il rischio di venire a contatto con quell'elemento ignoto implicitamente presente in ogni soddisfazione nuova ed entusiasmante; ciò che ne deriva è una progressiva e corrispondente desensibilizzazione ed inibizione motoria"

Scopo della terapia della gestalt è dunque quello di entrare in contatto e generare nuove soluzioni:
"Nella psicoterapia cerchiamo nella situazione presente la pressione di tutte le situazioni non risolte, e ci volgiamo

verso una integrazione migliore sulla scorta della sperimentazione attuale di nuovi atteggiamenti e nuovi materiali tratti dall'effettiva esperienza quotidiana. Il Paziente non viene a ricordare se stesso con un semplice rimescolamento delle carte; egli scopre e fa se stesso. La fissazione viene elaborata in maniera completamente diversa come un'avventura presente attraverso il contatto con l'analista, che non è lo stesso tipo di genitore".

Ogni volta che non si riesce a entrare in contatto si genera una retroflessione, un trauma, che viene conservato nel corpo come una emozione repressa della quale viene cercata l'espressione, spesso attraverso il contatto fisico.
Così si è espresso chiaramente Pearls in un'intervista:

"Vi è un punto che non sottolineerò mai abbastanza: il lavoro corporeo fa parte integrante della Terapia della Gestalt. La Gestalt è una terapia olistica, cosa che significa che essa prende in considerazione l'organismo nella sua totalità, e non semplicemente la voce, la parola, l'azione, o qualsiasi altra cosa... Io utilizzo ogni sorta di contatto fisico, se penso che questo possa facilitare nel Paziente, un passo nella sua consapevolezza della situazione presente... Non ho regole particolari per quanto riguarda i Pazienti uomini o donne. Posso accendere una sigaretta, imboccare qualcuno con un cucchiaio, aggiustare i capelli di una ragazza, tenere la mano o stringere al petto un Paziente, se mi sembra che questo possa essere il miglior modo per stabilire un contatto inesistente o interrotto.... Io tocco anche i Pazienti e lascio che essi mi tocchino per un accrescimento della propria consapevolezza corporea".

L'attraversamento del conflitto nel contatto terapeutico: un esempio clinico.

Ecco il chiaro esempio di un lavoro gestaltico classico con l'aggressività e il conflitto.

PZ: "Lo so che devo scegliere se passare la serata con la ragazza o con i miei amici.. (respira in modo coartato e non guarda la terapeuta).

T: Che cosa senti adesso?

PZ: Rabbia.

T: Puoi guardarmi?

PZ: (guarda la terapeuta)

T: Che cosa senti?

PZ: (continua a guardare la terapeuta, respira profondamente, poi) Quando ti guardo la rabbia aumenta. Mi fa paura questo...

T: Cosa pensi?

PZ: Da una parte penso che anche tu pretenderai - come tutti - che io scelga. Dall'altra penso che potresti capirmi...

T: E che cosa senti nel corpo?

PZ: Se ti guardo, sento una rabbia che monta dentro di me...

T: Dove, in quale parte del corpo senti la rabbia?

PZ: Nel petto e un po' nelle gambe.

T: Alziamoci in piedi

(Si alzano, restano in piedi l'uno di fronte all'altra).

T: Poggia bene i piedi per terra, respira pienamente e senti il bacino...guardami e lascia che la tua rabbia muova il tuo corpo.

PZ: (respira, si concentra, guarda la terapeuta, poi..) Vorrei battere i piedi...

T: Fallo...e aggiungi parole per me.

PZ: (batte i piedi, prima lentamente, poi sempre di più dentro il movimento, che diventa ritmico, intenso, guarda intensamente la terapeuta, respira e...) Non voglio che tu decida per me...non voglio che nessuno decida per me...voglio scegliere io la mia vita...voglio scegliere io che cosa fare.

Il movimento ritmico è in piena armonia con l'aumentare della rabbia, e con la fiducia sperimentata dal Paziente che questa rabbia possa essere accolta. Il respiro, in sintonia, accompagna questa evoluzione dell'esperienza fisica e relazionale del Paziente. Quando l'onda dell'esperienza si calma, il Paziente appare esausto, ma integro.

T: Che cosa senti adesso, nel corpo e verso di me?

PZ: Mi sento più me stesso, il mio corpo fa parte di me adesso...verso di te sento..pace...e ti ringrazio di essere stata con me.

Il viso del Paziente è più luminoso e il corpo più armonico. Lo spazio tra terapeuta e Paziente è più limpido e si respira meglio.

La soluzione creativa ha luogo solo dopo l'attraversamento delle divergenze ed è sempre una soluzione nuova, inaspettata.

9. L'etica del contatto in psicoterapia

"Il contatto fisico appropriato
diventa non appropriato
quando dato al momento sbagliato,
nella dose sbagliata,
o alla persona sbagliata"
(Older, 1982)

Abbiamo visto come a seconda delle diverse prospettive il contatto tra psicoterapeuta e Paziente assuma diversi ruoli e significati. Restano da esplorare gli aspetti etici legati al rischio di possibili "sconfinamenti" o "acting out" a carattere sessuale e non solo.

Una buona sistematizzazione delle riflessioni in questo ambito è stata fatta da Edoardo Giusti e Flavia Germano, che in *"Etica del con-tatto fisico in psicoterapia e nel counseling"* scrivono:

"Alla domanda se sia etico e appropriato l'uso del contatto fisico come supplemento alla psicoterapia, si può solo rispondere che questo dipende da una molteplicità di fattori: da chi è il consulente, chi il cliente, qual è la natura della relazione terapeutica, cos'è intervenuto prima dell'introduzione del contatto fisico, che tipo di contatto viene poi preso in considerazione, quale ne è il significato e lo scopo inteso e pianificato dal consulente, come potrebbe interpretarlo il cliente, se è stato a priori ottenuto nel passato il permesso per attuarlo, e via dicendo".

In particolare è importante tenere in considerazione alcuni aspetti che riguardano il Paziente, il terapeuta e la situazione specifica.

Per quanto riguarda il Paziente, il terapeuta deve valutare SCOPO e BENEFICIO dell'intervento e CONSENSO al contatto fisico.

La motivazione che porta il terapeuta alla decisione di utilizzare il contatto deve essere quella del benessere del Paziente e come ci ricorda Giusti:

"L'interrogativo primario che il terapeuta deve porsi, prima di adoperare qualsiasi forma di contatto fisico, riguarda chi ne trarrà beneficio; e la risposta deve sempre essere unica: il cliente".

Importante è inoltre avere pieno consenso da parte del Paziente.

Molte persone che vengono in consultazione potrebbero non essere a conoscenza del fatto che il contatto fisico può essere un'opzione nel contesto terapeutico.

È compito del terapeuta parlare di questo argomento, in quanto l'uso del contatto fisico diventa appropriato solo quando il cliente ne ha compreso le implicazioni cliniche ed esprime un conscio desiderio per tale intervento pratico.

Il consenso non deve essere solo esplicito, ma profondo.

È importante che il terapeuta esplori il significato attribuito da ogni Paziente al contatto fisico (quali sono i valori, i giudizi, le predisposizioni e le esperienze) per avere una chiara idea di come questo potrebbe essere percepito.

Fondamentale anche osservare il linguaggio non verbale del Paziente, quello che il suo corpo ci comunica. Scriveva Downing in *Il corpo e la parola:*

"Ma più importante del consenso esplicito è l'autorizzazione profonda. Anzitutto, durante ogni suo gesto di sostegno tattile, il terapeuta deve osservare attentamente le indicazioni non verbali del Paziente. Potrebbe accorgersi che mentre si dichiara d'accordo a parole, il suo corpo stia dicendo il contrario".

Per quanto riguarda gli aspetti che riguardano più strettamente il terapeuta è utile considerare l'AGIO, le CONOSCENZE SULL'IMPATTO CLINICO e le CONOSCENZE LEGALI E PROFESSIONALI.

Ci sono pazienti piuttosto risoluti nella richiesta dell'utilizzo di contatto fisico in psicoterapia, che possono indurre il terapeuta a sentirsi obbligato a offrire tale disponibilità. Se è importante rispettare il Paziente, fondamentale è farlo anche con se stessi, valutando quanto ci si sente a proprio agio nell'offrire un contatto fisico ad un determinato Paziente.

Scriveva nel 2000 *Lewis*, terapeuta ad orientamento Bioenergetico:

"Un terapeuta, che desidera ottenere dal suo lavoro una proficua qualità, non dovrebbe rinunciare al proprio diritto di rispettare i confini e i limiti che può riconoscere, imparando ad ascoltare i segnali corporei personali; come per qualsiasi altro strumento terapeutico, anche il contatto fisico, per risultare efficace, deve essere congruente con il contesto esistente nella relazione attuale, ed essere un'espressione genuina di sentimenti, credenze ed attitudini".

Oltre all'agio ricordiamo come per introdurre il contatto nella terapia lo psicoterapeuta deve possedere una cornice teorica di riferimento e una familiarità con la ricerca clinica che contribuiscano a dare significato alle sue azioni. Ha scritto Giusti:

"Prima che il consulente si impieghi nell'offerta di una qualunque forma di contatto fisico, deve necessariamente essere chiaro quale ne sia lo scopo; se è solo quello di toccare il cliente è troppo ambivalente perchè sia efficace su un piano clinico. Il consulente deve invece essere in grado di spiegare al cliente la sua proposta di contatto in maniera chiara, evidente, comprensibile e rilevante rispetto agli obiettivi del trattamento globale e deve chiaramente tenere in conto, e valutare via via, di come il contatto può influenzare il processo di transfert".

Importante anche avere una buona conoscenza delle norme dell'albo professionale a cui si fa riferimento e con le regole che disciplinano il lavoro clinico.

Oltre a Paziente e terapeuta è importante fare attenzione anche alla specifica situazione in cui avviene il contatto fisico.

Giusti e Germano hanno identificato in particolare alcuni momenti in cui il contatto è controindicato:

- *inizio della terapia*: in questa fase si deve ancora costituire una relazione solida tra terapeuta e Paziente;
- *prime esperienze psicoterapeutiche*: il terapeuta non conosce ancora sufficientemente bene le sue reazioni controtransferali e potrebbe trovarsi in difficoltà;
- *mancanza di consenso*: il Paziente dovrebbe aver dimostrato la capacità di dire "no" in terapia, per avere la certezza che la sua non sia un'adesione a una proposta non gradita ma a cui non è in grado di opporsi;
- *ci si sente manipolati dal Paziente*: quando il terapeuta sente che non è funzionale alla terapia il contatto deve essere in grado di reggere le possibili pressioni di pazienti che lo richiedono come mezzo indispensabile;
- *segretezza*: astenersi da qualsiasi contatto fisico che farebbe sentire a disagio il terapeuta se il

Paziente ne parlasse al di fuori del contesto della terapia;

♦ *contesto esplorativo di vissuti sessuali*;

♦ *uso di violenza*: è sconsigliato usare il contatto fisico con Pazienti che usano la violenza come canale per l'espressione della rabbia, perchè il terapeuta potrebbe diventare bersaglio di questa.

Il rischio di contatto di tipo sessuale

Un capitolo importante per quanto riguarda gli aspetti etici è quello relativo al possibile sconfinamento in agiti di tipo sessuale.

Se è superfluo scrivere, come del resto ci ricordano i regolamenti degli ordini professionali, che ogni contatto di tipo sessuale è severamente vietato e sicuramente non utile a fini terapeutici, non sempre è facile trovarsi a gestire emozioni e sentimenti "amorosi" che il Paziente può manifestare o lo stesso terapeuta può iniziare a percepire di provare.

Freud nel 1914 si chiedeva:

"Ma come deve comportarsi l'analista per non naufragare in questa situazione, se egli è sicuro che la cura debba essere portata avanti, nonostante, e proprio attraverso, l'amore di transfert?"

A questa domanda non è facile trovare una risposta sempre valida e chiara. Fondamentale in tal senso l'attenzione del terapeuta che, quando si accorge di un particolare coinvolgimento con un certo Paziente deve prestare attenzione ai propri comportamenti.

Edoardo Giusti e Flavia Germano ci forniscono una griglia di osservazione delle variazioni comportamentali che sono utili spunti di riflessione preventivi:

1 - COMPORTAMENTI

a) ABBIGLIAMENTO:
♦ Mi sto vestendo in una maniera particolare nei giorni in cui vedo Y?UAGGIO
♦ Affronto il fatto che Y si vesta in maniera provocante e cerco di mettere dei limiti?
♦ Mi metto comodo durante la sessione con Y? (Mi allento la cravatta? Mi tolgo scarpe e gioielli?)

b) LINGUAGGIO:
♦ Sto iniziando ad interagire con Y con linguaggio o battute a sfondo erotico?
♦ Chiamo Y con dei nomignoli?

2 - CONFINI TEMPORALI E SPAZIALI

a) TEMPO:
♦ Fisso gli appuntamenti con Y a fine giornata? (es. quando i colleghi sono andati via e resto solo)
♦ Tendo ad allungare il tempo prestabilito per le sessioni?

b) SPAZIO
- Sto cambiando il luogo degli incontri per ragioni non attribuibili direttamente al lavoro terapeutico?

3 - CONTRATTO
- Non voglio più una ricompensa monetaria da Y?
- Sto accettando numerosi e costosi regali da parte di Y?

4 - RELAZIONI
- Tendo ad isolarmi e a non cercare l'abituale consultazione, supervisione o sostegno?
- Tendo ad isolare Y, non lo invio ad un medico per controlli fisici, non lo mando da un collega per valutazioni psicodiagnostiche?
- Desidero essere l'unico punto di riferimento per Y?

5 - ATTEGGIAMENTI PROFESSIONALI
- Gioco al "so tutto" con Y e fornisco risposte saccenti e autoritarie a tutte le sue domande, irritandomi quando vengo sfidato o colto in fallo?
- Affronto tematiche sessuali non in base alle necessità e ai bisogni di Y, ma in base ai miei interessi sessuali?
- Suggerisco a Y di intraprendere determinati comportamenti di tipo sessuale , in modo da provare un piacere vicario e provare un senso di controllo sulla sessualità dell'altro?
- Cerco di convincere Y a non avere rapporti sessuali o ad interrompere una relazione per gelosia?
- Condivido i miei problemi personali con Y e dedico una parte delle sessioni per parlargliene?

6 - USO DEL CONTATTO FISICO

♦ Uso il contatto fisico con Y in maniera impulsiva, e senza una chiara intenzione clinica?

10. Il punto di vista del Paziente

"Se crediamo che il corpo sia il Sè,
quando tocchiamo un'altra persona,
non stiamo toccando il suo corpo,
ma il suo vero Sè,
con il nostro vero Sè. "
(Kepner 1987)

Nei capitoli precedenti abbiamo visto come diversi terapeuti con approcci differenti teorizzano e vivono il contatto nella pratica clinica, e abbiamo riflettuto sui possibili vissuti dei Pazienti, ma sempre dal punto di vista dei terapeuti.

Proviamo ora a considerare cosa i diretti interessati, i Pazienti, pensano del contatto in terapia e come hanno vissuto le loro personali esperienze.

Parlando di Winnicott abbiamo accennato a Margaret Little, analista, che in *Il vero Sè in azione* racconta la sua esperienza da Paziente con D. Winnicott.

La Little svolge il suo percorso di terapia con Winnicott tra il 1949 e il 1955, all'età di quarantotto anni, dopo aver svolto altri due percorsi, uno con un terapeuta uomo e uno con una donna. Nel resoconto del periodo passato con Winnicott l'autrice descrive in maniera dettagliata il modo di lavorare del terapeuta e i propri vissuti emotivi.
Cita diversi episodi in cui la capacità di *holding,* dimostrata da Winnicott anche attraverso il contatto fisico, ha un ruolo fondamentale nel processo di guarigione.

In un particolare caso la Little racconta di un suo vissuto di profonda disperazione, che l'ha portata ad agiti aggressivi (rotture di un vaso di fiori) in seduta, in fase iniziale della sua terapia a quattro sedute settimanali.

Ci narra poi di come la capacità di Winnicott di accogliere il suo spontaneo gesto, di porgergli le mani, sia stata riparativa.

"Alcune settimane dopo (fa riferimento all'episodio della rottura del vaso)*, passai un'intera seduta in preda ad attacchi di terrore. Sentivo ogni volta che all'interno del mio corpo si andava accumulando la tensione, che arrivava ad un livello massimo, per poi nuovamente diminuire, ma soltanto per ritornare immutata dopo pochi secondi. Afferrai le mani di D.W. e gliele strinsi, finchè gli spasmi non scomparvero. Alla fine lui disse che pensava che stessi rivivendo l'esperienza della nascita; mi tenne la testa per alcuni minuti, dicendo che immediatamente dopo la nascita, per un certo periodo, il bambino può avere male alla testa e sentirla pesante. Tutte queste affermazioni sembravano corrispondere a verità, perchè si trattava della nascita all'interno di un rapporto, attraverso un mio gesto spontaneo, che veniva accettato da lui. Quel tipo di spasmi non si ripresentò più, mentre un panico di quel livello ricomparve solo raramente"*.

Questo è un'importante testimonianza di come sentirsi accolti, anche attraverso il contatto fisico, sia importante per i pazienti.

Non è facile rintracciare racconti diretti altrettanto spontanei delle esperienze dei pazienti ma Horton e colleghi nel 1995 hanno svolto un importante lavoro di ricerca volto ad indagare come il contatto fisico in psicoterapia venga vissuto dai pazienti. I ricercatori si sono basati su uno studio di Gelb che nel 1982 aveva identificato quattro fattori che facevano sì che il contatto fosse vissuto come un'esperienza positiva per i pazienti:

♦ la chiarezza delle regole e dei confini del setting terapeutico;
♦ la congruenza tra la tipologia di contatto e l'intimità della relazione tra terapeuta e Paziente;
♦ la percezione da parte del Paziente di poter esprimere assenso o dissenso relativamente al contatto fisico;
♦ la percezione che il contatto avvenisse realmente per il benessere del Paziente e non per quello del terapeuta.

Secondo l'autore quando uno di questi fattori non è presente, il contatto viene percepito meno favorevolmnte o addirittura diventa controproducente, nell'esperienza del Paziente.

Horton e colleghi hanno somministrato un questionario a 231 pazienti, che al termine del loro percorso di psicoterapia avevano dichiarato di aver avuto contatti fisici (di tipo non sessuale) con i propri psicoterapeuti, per confermare lo studio di Gelb.

In aggiunta ai fattori da lui individuati ne hanno identificato un altro, che hanno un ruolo importante nel determinare il vissuto dei Pazienti relativamente al contatto fisico:

+ la qualità dell'alleanza terapeutica.

Questi dati sono sicuramente utili perchè aiutano a comprendere quale contesto sia necessario per permettere di vivere serenamente l'esperienza del contatto fisico al Paziente.

Ancor più interessanti sono i commenti spontanei dei Pazienti relativamente a come il conttatto fisico abbia contribuito alla loro terapia:

+ Il 70% di loro ha dichiarato che il contatto fisico li abbia aiutati a "sentire un *legame*" con il proprio terapeuta.

+ Il contatto ha fatto sentire loro: "*legame*", "*sicurezza*", "*vicinanza*", "*era lì per me*", "*dalla mia parte*", "*fiducia profonda*", "*il mio terapeuta si prende realmente cura di me*", e ancora "*é capace di contenere emozioni difficili*".

+ Il 50 % degli intervistati ha descritto come il contatto sia stato fondamentale nell'aiutarli a sentirsi realmente accolti e accettati e aumentare la propria autostima.

Questi dati ci confermano come il contatto fisico sia realmente un canale comunicativo molto potente e quindi utile in psicoterapia, se utilizzato sempre nel rispetto del sentire del Paziente e per il suo benessere.

Anche il sentirsi a proprio agio del terapeuta nell'entrare in contatto con il Paziente resta fondamentale, per far sì che questo sia realmente evolutivo e non generi la sensazione di un rifiuto o di un'accettazione non reale nel Paziente.

Commento a cura di Letizia Epifani
(Psicologa e Psicoterapeuta)

Stupore e meraviglia sono le prime sensazioni provate mentre leggevo incuriosita questo testo, che via via percepivo, sempre più nitidamente, come opportunità di grandi aperture rispetto all'importante tema del contatto in terapia.

Di colpo, infatti, tante domande ed esitazioni, vissute nella stanza d'analisi, rispetto all'opportunità ed utilità del contatto terapeuta-Paziente, non appaiono più solo frutto di dubbi personali, ma risulta chiara la delicatezza del tema, cui hanno dedicato tempo ed attenzione alcuni grandi Maestri della psicologia.

La gradevole lettura di questo testo svela, con trasparenza e semplicità di linguaggio, come il tema del contatto, all'interno del contesto terapeutico, al di là di antichi veti sull'opportunità di farne anche solo oggetto di confronto tra colleghi, costituisca in realtà, nelle sue diverse forme, un prezioso contributo alla possibilità di arricchire lo spazio terapeutico di ulteriori modalità relazionali, aprendo ampie opportunità, in taluni casi e con determinati pazienti, di significative evoluzioni personali.

Nello stesso tempo, la possibilità, offerta dall'Autore, di accedere, nella concretezza, ai passaggi importanti di alcune sedute terapeutiche, quali quelle riferite da Casement e Fosshage, offre la preziosa opportunità di riflettere anche sulle situazioni in cui invece è importante che il terapeuta decida, con profonda consapevolezza, di negare al Paziente il contatto fisico, dopo aver riflettuto a lungo e a fondo sulle dinamiche e sulla risonanza interiore che tale modalità potrebbe muovere, così come anche sul rischio di colludere con importanti resistenze o vantaggi secondari che potrebbero costituire, per un dato Paziente, un limite terapeutico.

Prezioso contributo sono stati anche gli spunti legati all'importanza di un'attenta osservazione delle modalità di contatto del Paziente e del terapeuta stesso, con il proprio corpo, importante canale di comunicazione non verbale.

Il confronto, offerto dal testo in oggetto, tra professionisti che hanno affrontato tale tema partendo da vedute molto differenti, permette di non irrigidirsi in severe teorizzazioni o protocolli terapeutici, bensì di cogliere e fare propri, in modo personale ed anche creativo, spunti di riflessione teorica e pratica che, permettendo di attribuire al corpo significati più ricchi e profondi, completano ed arricchiscono la pratica clinica della possibilità di poter contare, nella stanza d'analisi, anche sul nostro corpo, in particolare su ciò che passa dalla pelle.

In tale prospettiva la relazione d'aiuto pare poter accedere ad un livello qualitativo significativamente più elevato.

Commento a cura di Lorenzo Lomazzi
(Psicologo; Specializzando in Psicoterapia)

Ogni sorpresa ci insegna riducendo lo sforzo che normalmente richiede un apprendimento legato allo studio. Questo libro insegna sorprendendo, incuriosendo fin dal titolo, per un argomento spesso ignorato e addirittura dissociato dall'esperienza professionale e clinica.

Invece da queste pagine si deduce come il contatto possa diventare una colonna portante del lavoro terapeutico, osservando come una sorta di tabù sia stato discusso e affrontato nell'esperienza clinica da giganti del nostro ambito, a partire da Ferenczi e Winnicot.

Attraverso le esperienze cliniche riportate, la possibilità di entrare nello studio e nel colloquio dell'analista, si comprende, nel senso più ampio del termine, cosa significhi la possibilità e il reale rischio di un contatto, del mantenere la giusta distanza relazionale e fisica, dotandola di un significato terapeutico e riparativo per il Paziente (dibattito Casement/Fosshage): attribuire un peso diverso alla stretta di mano e alle sue infinite variazioni, poter immaginare un dondolamento della testa di una Paziente stretta tra le mani dello psicoterapeuta con occhi diversi, rivalutandone il profondo valore relazionale e di cura: passare da un caso all'altro tra quelli riportati consente di immergersi nella relazione, riviverla in prima persona, percepire il senso e l'importanza del contatto con l'altro per potersi proiettare all'interno del proprio studio con conoscenze nuove e differente capacità di visione sull'altro.

Essenziale diventa poi rivedere il senso stesso che attribuiamo al tatto, non più solo come un senso individuale, di separazione dall'ambiente, ma la pelle come confine di protezione e di relazione, organo di relazione: necessità quindi di rivedere e rivivere il proprio personale rapporto nel contatto con gli altri, perché anche questo, nella sua spontaneità e autenticità, possa essere un efficace strumento; necessità di essere ancora più in contatto con noi stessi dunque, per poter essere terapeuti.

La lontananza teorica o specialistica degli autori citati testimonia al meglio l'importanza dell'essersi ritrovati tutti riuniti e concordi, a vario titolo e da diversi punti di vista, nell'affermare la necessità di una riflessione e rivalutazione del contatto e della spiritualità del corpo, rendendo questo testo un insieme di saperi e strumenti concreti, un regalo per chi si prende cura dell'altro.

BIBLIOGRAFIA

Casement P. J.: "*Apprendere dal Paziente*" - Raffaello Cortina, 1989

Casement P.J.: "*The issue of thouch: "A retrospective overwiev*"- Psychoanalitic Inquiry, 20, 2000: 160-184

Damasio A.: "*The Feeling of What Happens: Body and Emotion in the Making of Consciousness*" -Paperback, 1999

Ferenczi S.: "*Diario clinico (gennaio-ottobre 1932)*" -Raffaello Cortina, Milano, 2004

Ferenczi S.: "*Opere vol. III (1919-1926)*" - Raffaello Cortina Milano, 1992

Fosshage J. L.: "*The meaning of touch in psychianalysis*" - Psychoanalytic Inquiry, 20, 2002: 21-43

Freud. S.: in "*Opere*" di Bollati Boringhieri, Torino

-"*Studi sull'isteria*" 1892-95; vol I, 1984

-"*Tecnica della psicoanalisi*", 1911-12; vol VI

-"*Nuovi consigli sulla tecnica della psicoanalisi*" 1913-14;vol. VII

-"*Introduzione alla psiconalisi*" 1915-18; vol. VIII, 1989

-"*L'Io e L'Es*", 1922; vol IX, 1989

Gabbard G. O.: "*Introduzione alla psicoterapia psicodinamica*" - Raffaello Cortina, 2011

Gelb P.: "*The experience of nonerotic physical contact in traditionl psychoterapy: A critical investigation of the taboo against touch*" - Dissertation Abstract International,vol.43, 1982, 248B

Giusti E.; Germano F.: "*Etica del con-tatto fisico in psicoterapia e nel counseling*" - Sovera Multimedia, Roma, 2003

Horton J, Clance P. R., Sterk-Elifson C., Emshoff J.: "Touch in psychoterapy: A survey of patients' experience" - Psychoterapy, vol. 32, 1995, 443-457

Jodorowsky A.: "*Il maestro e le maghe*"- Feltrinelli Editore, Milano, 2014

Kepner J.: "Body process: a Gestalt approach to working with the body in Gestalt therapy" - Gardner, New York, 1987

Little M. I.: "*Il vero Sè in azione. Un'analisi con Winnicott*" -Astrolabio, Roma, 1993

Lowen A.: "*Bioenergetica*" - Feltrinelli Editore, Milano, 1965

Lowen A.: "*La spiritualità del corpo. L'armonia del corpo e della mente con la bioenergetica*" - Astrolabio-Ubaldini, Roma 1994

Montagu A.: "*Touching, the human significance of the skin*". Harper e Row, New York, 1986

Older J.: "Touching is healing". Stayn e Day, New York, 1982

Perls F., Hefferline R., Goodman P. "*Teoria e pratica della terapia della Gestalt*" - Astrolabio, Roma, 1971

Reich W.: "*Caracter analysis*" Simon e Schuster, New York, 1972

Schanberg S.: "*The genetic basis of touch effects*" in (a cura di) Field, T.M., "*Touch in early development*". Lawrence Erlbaum Associates, Mahwah. N.J., 1995

Stern D. N.: "*Diary of a baby*" - Basics Books, New York, 1990

Stern D. N.: "*Il momento presente. In psicoterapia e nella vita quotidiana*" - Raffaello Cortina, 2005

Tronick E.: "*Regolazione emotiva. Nello sviluppo e nel processo terapeutico*" - A cura di Riva Crugnola C.; Rodini C., - Raffaello Cortina, 2008

Winnicott D.: "*Gioco e realtà*", trad. Giorgio Adamo e Renata Gaddini, prefazione di Renata Gaddini - Edizioni Armando, Roma, 1974

Winnicott D.: "*The maturational process and the facilitating environment: Study in the theory of emotional developmnent*" - International University Press, New York, 1965